静思语的富足人生

摘录　证严上人《静思语》

徐荷·林慈盈　辑录

复旦大学出版社

目 录

编者的话   1

长养慈悲

美善人间   3
做有用的人   5
转祸为福   7
把爱传出去   10
创造善的循环   12
有爱最幸福   15
培养美德   17
行善修福   20
善恶一念间   22

挥洒生命	24
能做就是福	26
积累福报	28
勤种福田	31
利益众生	33
无私付出最可贵	36
实践大爱	38

相互感恩

利人就是利己	43
慧命自己造	46
宽广的爱	48
福缘共聚	50
人间菩萨招生站	53
善用生命良能	55
善解包容	58
好喜布施	60
对自己负责	62

自度度人	65
助人之乐	67
体会生命意义	69
积善致福	72

学习耐性

欢喜付出	77
人生正道	80
勇于改过	82
甘愿做欢喜受	84
坚持与突破	87
愈挫愈勇	90
从苦难中精进	92
把困厄当考验	94
分秒不空过	96
离苦得福	99
爱与身教	101
体贴父母	103

成就大业	106
没有过不去的事	109
快乐的真谛	111
洗净心地	113

祥和无争

安贫乐道	119
发挥生命的力量	121
以爱走出伤痛	123
人生的方向	125
一切唯心造	127
美的生命乐章	129
心宽念纯	132
护持己心	134
能舍才能得	137
简单就是幸福	139
把握今生	142
活出智慧人生	145

转念	*147*
用爱宽恕	*149*
用智慧超越烦恼	*152*
心灵环保	*155*
看透生死	*157*
欢喜自在	*160*

编者的话

在《静思语》第二集出版近二十年后，二〇〇九年，终于郑重出版了《静思语》第三集，将证严上人最近二十年来的开示及讲演内容，摘录精华，编制成书，也立即得到了相当大的回响。

本书特别在千百则慈济人的生命故事中，拣选最为动人、最具启发性的篇章，呼应《静思语》第三集中的智慧法语，尤其在全球金融风暴席卷、台湾地区遭遇伤亡甚巨的八八风灾、世界不少国家天灾人祸频仍的此时，更多人承受着物质及心灵上的困乏，整个社会更加浮躁、忧惧不安。本书特别以此为主轴，希望从证严上人的法语及许多慈济人的实践中，让读者大众找到依归，享有富足的人生。

财务专家或经济学家教人创造物质的富有，但物质富有的人都知道,钱不等于快乐,有一缺九、有十缺一,贪得而无法满足,反而让人的心灵更加空虚,永远处于贫穷状态。佛陀说:"入我门不贫,出我门不富。"证严上人教导大家的,正是如何追寻心灵富足的法门,快乐就在"知足、感恩、善解、包容",懂得为人群付出、以爱投入,生命的价值提升了,也造就了更多的福缘。

在本书中,有六十余个真实的人生故事,主角面对的人生困境个个不同,有人遭遇病苦;有人情关难过;有人自幼孤苦无依,永远缺爱;有人只知沉迷赌博,穷困潦倒;有人误入歧途,自毁毁人;也有人永远追逐金钱,物质富裕,精神苦闷。不同的人生际遇,相同的是,他们浮浮沉沉的在人生道路上迷了途,却在证严上人的法语中,开悟人生的道理;更在参与慈济的志业后,找到生命的喜乐,印证了证严上人说的:"造福人群,就是富有自己。"

"心不难,事就不难;心不贫,人就富。"困境再多、再大,只要有心,还是能够活出丰美的人生。祝福全天下的人心灵富足、日日福安。

长养慈悲

【美善人间】

有爱心与奉献,就是美丽的人生。

——《静思语》第三集

在马来西亚的靠海小镇,林师兄和太太卖鱼为生,生意好的时候,收入甚丰,但是他并不快乐;直到一九九七年,在偶然的因缘下认识慈济,他开始定期捐款,更在五年前投入做环保。刚开始,太太无法接受先生常常放下鱼摊生意,出门参加慈济的活动,怨怒之下,竟开始以打麻将作消遣。

女儿受妈妈暴躁脾气影响,也常常跟着发脾气,不谅解父亲的作为,她形容当时家里就好像在硝烟弹雨中一样。林师兄决定先改变自己,进而改变家庭气氛;他每天投竹筒扑满发愿、对孩子说爱、对太太不断让步和时时感恩,且在家安装大爱电视台。

后来,只要他外出,太太就在家"偷看"大爱电视台,想了解慈济到底有何魅力?受节目潜移默化,慢慢地,林太太竟不再赌博,甚至愿意和先生一起到慈济做志工。

其后,林师兄结束了卖鱼生意,转行当电台技术员,虽然收入少了八成,却更为心安。林太太表示,收看大爱电视台的节目,让她看到很多动人的故事,慢慢改变了她的人生观,开始懂得知足和感恩。现在林师兄参加慈诚培训,太太则是见习委员,一家和乐温馨。

"善用媒体力量,能迅速广泛地传播清流,净化人心。"证严上人欣慰于大爱电视台日日传播美善信息,也感恩慈济人出钱出力、用心付出,才能让社会祥和,处处有爱。

【做有用的人】

觉悟的人生，知道如何付出与造福。

——《静思语》第三集

佛陀说："人有二十难。"虽然人生有许多难关，若能照顾好一念心，时时刻刻心不离法，有"法"对治就不难。

台中志工张居士，妈妈出生在书香世家，无奈丈夫不自爱，另外还讨了两个小老婆，不负家庭责任；他从小就跟着父母四处躲债，高中毕业即将入伍前夕，母亲又为父亲背债而坐牢，让他对父亲更是充满怨恨。由于牵挂母亲，又担心年幼的妹妹，他竟然铤而走险，成了逃兵；后来加入黑道，两度身陷囹圄。

大好青春都在黑暗中度过，直到三十六岁出狱后，他与母亲相依为命。但因求职不顺，心情一直很低落，常常不发一语，甚至有轻生的念头。母亲很为他担心，不知如何帮助儿子，于是求助于慈济志工。

了解这个家庭的苦境,慈济志工不只帮忙找房子、补贴房租,协助母子俩安身,也尽力照顾张居士母子的心理健康。

几年前,志工邀他们到东大园区参观慈济四十周年志业展,当时,张居士看到罹患多发性骨髓瘤末期的志工叶师姊,即使在生命尾声,仍然分秒不空过地付出,心中深受感动,他又亲眼见到慈济人连地上一张废纸都要捡起,他想,即使自己过去是对社会毫无用处的人,当下也能被慈济回收,改造成有用的人,于是开始陪妈妈投入慈济,担任环保志工。

心转,境就转。过去身心受困走不出来,如今母子俩都已受证慈济委员,生活虽不富裕,但心灵富足,做志工利益人群,也彻底转变了他们的人生。

【转祸为福】

人人付出一分爱,能转危机为生机,转祸为福。

——《静思语》第三集

"如果没有慈济,我的家庭可能早就破碎了!"哈波回想过往,有感而发地说。

曾经是个"不快乐"的人,整天愁容满面是哈波的招牌表情。他在美国海军服勤三十余年,和自己的母亲不相往来,也和同住的儿女吵吵闹闹过日子;就像许多美国人一样,无止境地追逐着物质生活。

幸而妻子林莉和他并不相同,在工作之余,她得空就往慈济跑,每次总是抱回一大堆慈济的刊物,放在家中桌上。

一次例行检查中,哈波被医师告知要做进一步检验,不料结果竟是末期的前列腺癌,这个晴天霹雳的打击像是将他判了"死刑"。

当时深感无助的哈波,某天在无意间,忽然拿起林莉放在桌上的《静思语》及慈济刊物,本来只是无意识地翻阅,慢慢地,竟读懂了证严上人的开示,哈波深有所悟,他突然明白了人生的意义是什么,立即发了大愿,从此一头栽进环保志业,三年如一日,挑起"环保战士"的重责大任,真诚地付出大爱。

一边接受化学治疗的他,忍受着病痛,每天清晨三点,便穿着连身工作裤、雨靴,头戴眼镜、口罩,在成排的大型垃圾收集箱前,翻找可回收的东西。有一回,就在他聚精会神地翻箱"寻宝"时,一群警官带着警犬、拿枪指着他,头上甚至有两架直升机呼呼作响!所幸他的车牌证明他的清白,他向警方高举双手:"我不是坏人,我是帮慈善单位收集废纸做环保。"

其后警方担心他的安危,屡查屡劝,但哈波仍坚持在那儿做资源回收。三年下来,警察开车查哨时,还不忘跟他打招呼,双方成了"好朋友",还奉送他"纸盒环保专家"的尊号呢!

废纸盒每吨卖价在美金五十六至七十元之间,哈波就这么几千磅、几千磅地收集载运,累积了相当的数目护持慈济大爱电视台。如今,环保成了他最爱的运动;最让人感到不可思议的是,他的前列腺癌完全治愈,哈波以做环保的毅力和勇气对抗癌细胞,终于战胜了病魔。

现在的哈波,经常和妻儿一起参与慈济的慈善活动,他愉快地说:"我已完全不是当年的我!"他的同事曾问:"你怎么变成这么好的一个人?"本已疏远的母亲也邀请他去作客,很喜欢亲近这个儿子。他不只战胜了病魔,更赢回了圆满的人生。

【把爱传出去】

能付出的人生,最快乐也最踏实。

——《静思语》第三集

"妹子,你最棒了!赶快吃完早餐!"

"哥哥,认真吃饭,等会儿检查书包喔!"

就像很多认真的父母一样,家住新竹县新丰乡的张师姊和先生,每天清晨六点不到就起床做早餐、陪孩子吃早餐,还要盯着孩子刷牙、更衣,赶在七点四十分让他们准时出门……

尽管照顾自己的孩子,已经花费张师姊很多时间与心力,但她仍然坚持每周二到小学担任"大爱妈妈",以说故事的方式,将行孝与行善的观念教给小朋友。

"我以前会以照顾孩子为由,找借口中断说故事的任务;后来发现自己内心总是空荡荡的,所以现在一定要尽力去做。"张师姊笑说,以前给孩子的爱很自私、也太沉重,参与大爱妈妈后,学到"爱要像茶香一样,浓淡合宜",她试着让自己做一个有智慧的妈妈,并且把爱传出去,去爱更多人的孩子。

刚开始,张师姊和两位大爱妈妈共同负责一个班级,每次上课,大家各准备一则故事。但是对这群缺乏临场经验的妈妈们来说,五十分钟的课让她们非常紧张:要如何才能在五十分钟内不冷场、没空白?

第一次上课,当她们把故事都"背"完后,时间还剩很多,三个人只好你看我、我看你,不知该如何才好。除了紧张造成的挫折感,学生们的冷淡反应,更是莫名的压力。其后,她们认真参加"静思语教学"的共修活动,听取其他大爱妈妈的分享,开始懂得善用教材,也学习制作道具;透过戏剧、手语、读书会等课程,加强彼此说故事的能力与带动孩子的技巧。

因为准备充分加上经验累积,一年之后,这群妈妈已经可以一人承担一个班级,五十分钟的课程既不会冷场,也不用担心时间太多,不知道要做什么才好。

如今,张师姊依然乐于做大爱妈妈,因为在校园里说故事,让她更能体会老师教学的辛苦,也更了解孩子们的心情,有助于增进学生、教师和家长三方之间的关系,自己的家庭也因此更加和乐。

【创造善的循环】

大爱人间除苦难,慈悲济世得欢喜。

——《静思语》第三集

每当人间有灾难时,慈济志工总是尽心尽力去救助;而灾民真诚回馈、涌泉以报,所创造的善的循环,却往往更让人感动,也让志工感受到人性中非常美好的一面。

纳吉斯风灾肆虐,缅甸受侵袭的面积几乎和台湾一样大,当地全部是稻田,房子皆由木材、竹片盖成,十分脆弱。当海水倒灌时,灾民实在无处可逃,处境堪怜,灾后重建的工作非常艰巨。

虽然受灾面积如此之大,证严上人仍然慈悲地指示救助原则:"无论田地面积大小,只要是愿意耕种者,都要发予足够的稻种与肥料,让每一亩田都不会荒芜。"

为了落实直接重点原则,志工团不辞舟车劳顿,亲自进入偏远农村发放。由于运输非常困难,所以每个村庄的发放必须分成好几次;而志工团每到一个村庄,也都安排做爱洒和家访等活动,深入与灾民互动。

一次又一次的关怀,逐渐让村民了解这些物资来自全球善心人士的捐赠,也知道证严上人当年涓滴募爱心的"竹筒岁月"故事。这些善良的居民立刻受到启发,人人把握机会来付出。

例如有位旦昌伯,当慈济人第四度踏上他们的村庄时,他坚持捐出两万元缅币(约七百元台币),这笔钱是他去贷款借来的,而且利息很高。他必须等到年底收成后,以稻谷抵债来偿还,但是他发愿要济助比他更穷困的人,一再要求志工接受他的善款。

到了收成时,旦昌伯特别带着志工到他的稻田,分享丰收的喜悦,并且割下六根稻穗,小心翼翼地绑起来,请志工代为送给证严上人。他想向上人证明,在慈济的援助下,灾民已经站起来了!旦昌伯也把慈济赠送的稻种播种后长成的稻米,特别留下十篓,准备送给没有能力耕种的人,因为他觉得要把慈济的大爱传承下去。

另有一个约德奇村,许多村民响应"竹筒岁月",他们每天捐五十元缅币(这些钱可以买约四人份的空心菜)。两年多来,总共捐出约八十万缅币,真不可思议,确实是"粒米成箩"。他们在这样困窘的生活中,受人援助,稍稍能够自立即不忘发心助人,真是太让人感动了!

　　善的循环就是这样生生不息,苦难虽然存在,但是人人播撒出的善心、善行,将可以让世间变得丰富而美好。

【有爱最幸福】

健康的人,要照顾不健康的人;
平安的人,要照顾有灾难的人。

——《静思语》第三集

春月是位好太太、好妈妈,她让先生全心在外工作打拼,毫无后顾之忧,更栽培三个儿子完成研究所的学业。这些年来,由于遭逢亲人的往生,让她自问,究竟是无常先来,还是明天先到?于是她发愿要把握当下,做好慈济志工,用父母赐给她的身体来为人群付出。

这一天,春月和伙伴一起前往关怀个案。这户人家包括姊姊一家人和弟弟,共有三位大人和七个小朋友一起住在合租的房子里,其中接受关怀协助的是弟弟,因为他罹患了法定传染病,至今仍无法外出工作。

由于他的病也波及了姊姊和小朋友,所有人都必须接受治疗。每天,"县府"会派人前来定时喂药,现在全家人的身体状况已逐渐转好,原本呼吸不顺畅的弟弟也慢慢恢复了健康。不过目前他暂时还没有收入,因此志工每月提供生活补助及就医时的部分费用。

看到关心户家里那么多小孩,春月不禁回想起:过去她也曾为了照顾孩子而辞掉工作,那段期间,家中经济也是捉襟见肘的,直到孩子研究所毕业后开始工作,她才松了一口气。然而,当她可以专心工作赚钱时,却遇到公司倒闭,于是她选择成为全职志工,帮助更多的人。

这天中午艳阳高照,她戴上帽子,外出张贴静思语。"充满爱心的人最幸福。"这一句话,似乎正可用来形容春月。尽管以前自己经济状况不是很好,可是她还是选择投入志业,付出更多爱心。

现在,她持续在社区、主要道路及店家推动"大爱一条街"的工作。因为她坚信,每贴出一张静思语,如果能够引领一位菩萨来行菩萨道,尽管没有赚到所谓的人间财,她在行善的道路上却得到无量法财。

【培养美德】

人之美,在于德;展现于做好事、说好话、发好心。

——《静思语》第三集

在台北的北投,到惠津开的服饰店买衣服,如果你没有先预约就上门,可能会白跑一趟。

以前的惠津,是一位全心拼事业的女强人。年轻时就爱梳妆打扮的她,从事的工作都和"美"有关,无论做什么生意,也都能很快做出成绩。然而,打拼工作换来的是与亲人的疏离,让她忍不住心生感慨,直到和慈济结了缘,她的想法才有了转变。

惠津本是嘉义人,在父母的宠爱下,从小娇纵霸道。结婚后,她和先生搬到台北,她先在北投风化区担任美容师,后来改卖服饰。早期经济景气蓬勃,服饰店生意很好,夫妻俩一起做生意,忙得不可开交,但脾气差又爱面子的老板娘,经常在客人面前不留情面地数落丈夫。

一九九八年，大女儿送她一卷证严上人开示的录音带——"渡"，这是她第一次接触佛法。隔年，九二一大地震后，一位慈济师姊到店里募款，惠津热心捐出善款后，也成为慈济会员。

这位师姊原本就是惠津的常客，对她的脾气及老爱抱怨的个性相当清楚，所以常邀她一起参加慈济活动，并鼓励她加入慈济"修身养性"。不久，她投入九二一赈灾工作；在纳莉风灾水淹大台北时，也加入抢救大爱电视台泡水录影带的艰辛任务，在这些过程中，她因慈济人无私的温暖而深受感动。

从此，惠津的人生转了个弯。她开始和客人分享慈济，让许多常客变成会员。接触慈济后，她除了不断吸收善知识，无形中也收敛了坏脾气，懂得换个立场为他人着想，除去了许多不必要的烦恼。

其后，惠津如愿受证委员，三年前的某一天，她发愿成为环保点的负责人，决定在店门口设立环保点，让志工们有地方可以集中做环保，也因此打消她原本想将店面顶让出去的念头。

惠津的母亲高龄九十五岁，身体已经退化，由她和兄弟姊妹轮流照料，每天早上九点至十一点，她都要先到弟弟家照顾母亲后才到店里开店,数年如一日。惠津从不觉得麻烦,反而很珍惜和母亲相处的时光。

在孝亲、家业及志业间奔忙的惠津虽然辛苦,但她对这一切甘之如饴,因为她深深明白"甘愿做、欢喜受"的意义,也相信自己的人生会在付出中,更为圆满喜乐。

【行善修福】

行一分善,得一分福,就减一分灾难。

——《静思语》第三集

一位师姊在松山车站附近的银行提领二十万元,准备存进不远处的邮局,由于少了一道手续,邮局请她回银行补办。就在她带着钱返回银行的路上,忽然有人一把抢走她装钱的袋子。

这时,她下意识地高喊:"阿弥陀佛,有人抢劫!"一面喊、一面追。到了一家戏院前,两位年轻人听到呼救后,立刻上前追赶歹徒,一直追到十字路口,抢匪眼见后面的人已追上来了,跳上等待接应他的机车后座,丢下钱袋,扬长而去。

这位师姊拿回钱袋一看,二十万元原封不动,一块钱也没少。

她想答谢两位见义勇为的年轻人,但他们婉拒了。一问之下,才知道他们是军人,利用休假外出看电影。

师姊询问他们服役的单位，希望请长官表扬他们，他们又说只是举手之劳，不需在意。于是师姊把慈济的文宣品送给这两位义勇的年轻人，与他们分享大爱。

静下心后，师姊深深体会到什么叫做福不唐捐。她说："事实上该感谢的，是上人与三宝加持。上人让我们有这个机会为众人付出，长期下来，收获最多的还是自己。有了这分福，才能够处处遇到贵人。"

在最紧急的那一刹那，她脑海中浮现的第一个念头就是"阿弥陀佛"。除了阿弥陀佛，当时她心中想的是：这些钱是要捐给慈济的。她为了替公公植福，已付出十万元，如今这二十万元也打算捐给慈济，绝不能让歹徒抢走。

修行讲智慧，但智慧在哪里？在急难中往好的方向想，也是一种智慧。这位师姊在遭抢的瞬间首先想到三宝，其次想到慈济众生恩，这也是智慧。至于物质的付出，则是一种福分。

【善恶一念间】

善念生,就会善解;恶念消,就不会作恶,则灾难自然远离。

——《静思语》第三集

有位年轻妇女家住梧栖,在沙鹿做生意。一回,她与友人前往静思精舍,看见来自全省各地慈济人虔诚地回到花莲,有人甚至三步一拜朝山入精舍,已令她感动不已;当她听到证严上人介绍慈济的创立,以及现在医院所发挥的功能后,更深受震撼。她在离去之前,到佛前发愿,如果要进入慈济,一定要断除不好的习气。

她所谓的坏习气,是指她在"六合彩"风行之前,日夜沉迷于"大家乐"。尽管婆婆很担心,再三叮咛她不能碰,她却仍瞒着婆婆继续签赌。她说,自己其实也会担心,但却无法自制。

接触慈济后,她发愿要断除坏习气,开始在梧栖、沙鹿一带向人热心介绍慈济。有一天,她出门做生意,八岁的孩子从梧栖骑单车到沙鹿找她,却在半途迷路了。她做完生意后找不到孩子,着急得不得了。

她先前已和很多人约好,农历初一那天要带他们到台中分会看证严上人,而这一天也和人约好要去收功德会费,但孩子走失了,该怎么办?孩子不能不找,但也不能失信于人。她开着车子一面办事,一面在心中祈求孩子能平安归来。

幸好到了晚上,一位计程车司机把迷路的孩子送回家了。事后她一直认为孩子能平安无事,或许正因为她已建立了善念,改正了过去不好的习气。

过去她在玩"大家乐"时,为的是一分的贪念,参与慈济后,展现的却是一分无私的爱。她说:"慈济人个个快乐、时时欢喜,在慈济世界里,才是真正的'大家乐'。"

同样是在生活,同样是付出时间,她进入慈济后,每天都过得很快乐。虽然是小康家庭,但却觉得比过去富有,差别就在于以什么样的心态来发挥人生的功能,小贪可以改,大贪也可及时回头啊!

【挥洒生命】

生命的乐趣是亲身付出,发挥生命的价值。

——《静思语》第三集

来自台南的莉娟师姊,她负责的志工服务,是在大街小巷、重要路口担当重任的义交。

十几年来,她一直在街头指挥交通,看着她在繁忙路口有条不紊地协助往来的人车,动作流畅而俐落,很难想象,她曾经遭遇非常严重的病痛,走过死亡的荫谷。

莉娟的个性开朗且热心公益,当初在朋友建议下,加入台南市交通处义交大队。每个周日下午,经过台南市西门路的精华地段,在车水马龙的十字路口,都可以看到穿着橘色义交制服的莉娟认真吹哨子、指挥交通的神情;尽管她没有一般交通警察那种站在马路中央自由走动、吹哨子、比手势的酷劲,但每周两小时的义交指挥,在莉娟的生活中,也占了重要的比重。

因投入志工而生活得更快乐、精彩,是莉娟目前的心情写照。长年的志工付出,让原本被工作占据的生活,多了一个可与外界接触的窗口,让她的生命有了不一样的可能。因此,尽管日常工作往往长达十二个小时,非常耗费体力,但她依然不愿放弃当义交的任务,也鲜少请假。

多年来,她的投入不但得到许多全勤奖牌的肯定,更获得"劳委会"颁发的全台湾地区绩优志工奖,以及台南市当局颁发的模范志工奖,这些都是她长年为社会付出的最好肯定。

如今,每周四下午,在台南静思堂的静思书轩,也可以看到莉娟忙碌的身影。她开朗温馨的笑容,让许多来到书轩的人都深感温暖;而她加入慈济志工的行列,选择投入人文推广服务后,也获得了许多成长的经验与智慧。

无论是加入义交或参与慈济志工,莉娟一路走来,深深感受到:付出,不只是给予,因为在付出过程中所得到的,往往远超过自己想象,也更令人满足与珍惜。

【能做就是福】

老来有"三好":经验丰富好、健康长寿好、走入社会当志工更好。

——《静思语》第三集

    清晨七点,赶着上班上学的人潮与车阵,让台北街头活络起来;在民生社区,高龄八十七岁的李老菩萨,也在此时出门。不过,她不是去上班,也不是要上学,而是赶着去做资源回收。

    老菩萨刚开始到街头巷尾收集纸盒、报纸时,总招来质疑的眼光。渐渐地,附近的邻居与店家都认识她了,只要有纸类回收就会主动拿给她;有时看她拿不动,还会主动帮忙。

    其实,老菩萨原本并不快乐。她早年丧夫,晚年丧子,尤其几年前独子因癌症往生后,对她的打击相当大,她认为是医师害死儿子的,更责怪媳妇为何让儿子开刀。她怨叹上天对她太不公平,每天唉声叹气,甚而不吃不喝、不发一语。在心结难解的情况下,老菩萨精神崩溃了，疗养了好长一段时日，才慢慢走出阴影。

有一天，老菩萨听到证严上人开示中谈到"能做就是福"的意义。上人指出："人生只有使用权，在还能发挥功能时，必须尽力去做，能做的人生，才是最有福分的。"她虽然不甚理解其中真义，但隐约觉得自己好像还可以做些什么。

从那天开始，她偶尔帮忙家人扫地、折衣服，做些轻巧的家务事，日子似乎不像从前那么单调无趣了。而纸类回收工作，更让她从中生出活力来，后来更成了运动休闲，每天固定下楼做纸类回收，身子愈做愈硬朗。

其实，老菩萨的身体并不是很康泰，吃了三十多年的药了，到现在仍然药不离身。然而，以前她吃药总是会抱怨，如今却怡然自在，也许是精神上有所寄托，心中不再感到惶然无助的缘故。

晚年的空虚寂寞，在她身上并不复见，每天心情就如皎洁的明月般，饱满充实。

【积累福报】

没有受灾就是福,能投入帮助人的人,就是"福中福"。

——《静思语》第三集

明川来自新竹,他是教溜冰和直排轮的教练,还开了一家中古车行,同时担任慈济志工,走入校园当大爱爸爸,也在街头巷尾做环保。此外,身为单亲爸爸的他,还得照顾两个小孩。虽然他每天像陀螺般转个不停,但每件事都用心付出。

这天下午,明川准备了大包小包的必备器材,还有一大桶冰凉的饮料,出门去接关怀个案的小朋友,然后直奔目的地。他每两个星期都会到天主堂教小朋友们学直排轮,小朋友都叫他麻吉老师。

明川回忆,小时候看迪士尼,被表演者悠游流畅的技巧所吸引,而爱上溜冰。现在他把自己的兴趣和事业、志业结合在一起,平日担任教练,每个月第二和第四个周六的下午,就会来到这儿,免费教天主堂和社区里的小朋友溜冰技巧。

过去他透过捐款来帮助他们,现在则是把自己所学的教给孩子,两种方式都让明川付出得很开心。他说,自己以前就很想多帮助别人,现在常来这边和孩子互动,既符合他的个性,也能成就自己的心愿。

明川发挥当年冷饮店老板的功力,自己调配饮料,再装入环保杯中,让孩子们在运动流汗之后,可以享用充满爱心的饮料。他对这里的孩子就像对待自己小孩一样,把他们当成宝贝,当然,孩子们也用他们的行动与热情,毫无保留地回报这位麻吉老师。

除了担任志工、教溜冰,明川还在大楼旁租了块空地卖中古车。其中有一辆车他保养得特别漂亮,因为每回坐上这辆车的驾驶座,他总会感觉妹妹还在人世。他和妹妹的感情一直很好,妹妹因病往生后,对他打击很大,却也让他因而走入慈济。当时幸好有慈济,有法亲们的陪伴,让他重新感受到人世间的温暖。

被迫与太太离异,则是他人生中另一次重大的打击,他曾一度对生活失去希望,幸好参与志工活动后,找回对未来的信心。面对两个小孩,光是照顾他们生活起居就是一项考验;必须同时扮演严父与慈母的角色,更是一种挑战。明川参加了大爱爸爸的活动,常到学校上课做关怀,也慢慢学会如何与孩子们沟通,过程虽然辛苦,却也成为他最甜蜜的负荷。

尽管明川的生活忙碌,必须做两份工作来维持家计,还要安排时间做志工,但现在的他,因为能帮助别人、能对别人付出,心中的快乐与满足感,是过去从未能领受的。生命仿佛开了一扇大窗,暖暖阳光充满了他的心。

【勤种福田】

乐于付出，心灵富足。

——《静思语》第三集

屏东分会有一位徐老菩萨专门打扫厕所，别人问她为什么愿意负责打扫厕所，她说："我们去外地观光时，下车会先往哪里去？一定是去厕所。我要让这些人先有欢喜心，在最需要用到的地方，让他们觉得欢喜，我再跟他们说慈济。"

老菩萨不识字，却总是随时和别人分享慈济的好。一回她去看病，医师开药给她后，她隔天又去挂号，告诉医师："医师，你好棒，帮我治疗得很不错，我很感谢你。这次是专程来看你的，要告诉你一件好事——花莲要盖一所医院，你如果为孩子多做一点善事，以后孩子一定都很有成就，都会读到博士。但是我要让你成为一个比博士还要好的人，就是人间菩萨。"医师听了满心欢喜，很高兴地参加乐捐。

老菩萨与慈济结善缘的经过相当特别。有一次，证严上人到屏东分会开示,有人告诉老菩萨,观世音菩萨来了。她心想:"世上真的有观世音菩萨吗?"因此好奇地到屏东分会去了。她看来看去,没看到观世音菩萨,只看到上人在开示,于是静静聆听开示。听完后觉得非常有道理,就把身上仅有的两百元捐出来。

上人告诉她:"钱不是最重要的!你有这分欢喜心,我希望你把这分欢喜心讲给别人听,让更多的人也能感受到。"她说:"好,我会认真做。"就这样,老菩萨成为慈济人,多年来勤种福田,散播大爱。虽然高龄八十多岁了,但她不断提升生命的价值,还在为世界尽一己之力。

【利益众生】

爱惜生命并非计较寿命长短,而是应时时提高警觉,把握分秒利益人间。

——《静思语》第三集

这一阵子,春霞的心情充满感恩,因为她的先生业平动了一次大手术,平安度过了生死关卡。

业平的一生都很顺遂、幸福。虽然四个月大时就送给别人当养子,但由于生父和养父是结拜兄弟,他等于有两个爸爸妈妈,再加上养父母家里有五个姊姊,所以从小到大不知道什么叫做苦。

出社会后,业平慢慢染上了许多不好的习性,还沉迷于牌桌。幸好他及时回头,走入了慈济,在退休前到精舍担任建筑志工。尽管晒得黝黑,皮肤也都脱皮,但春霞却因为他能吃苦而深受感动。

后来业平因病开刀,医师说危险性有百分之九十,手术后瘫痪的几率也很高。当时春霞心想：他这一生最大的考验终于来了！于是在开刀前对先生说："要发大愿。这个业力不知道有多大，我们要发大愿才能跳脱，让生命升华。"

除了告诉先生要发大愿外，春霞自己也发了三个愿：第一，希望先生能平安顺利，提升他的修行境界。其次，她发愿折寿十二年给先生。她不希望他救回了一条命，却终身瘫痪，这对利益众生没有帮助，所以她希望他清醒过来时，身心都健康。第三，她发愿从今以后开始茹素。

他们发了大愿后，证严上人和许多师兄、师姊也给了他们很多的祝福。业平说，这些祝福形成了很大的力量，大过于自己所面临的业力，所以他的手术才会这么成功。手术后，他一睁开眼睛就对护士小姐说："我肚子很饿，想吃饭。"隔天早上，他身上的管子已全部拔除。对整个医疗团队来说，简直就是奇迹。

不过那时春霞还没有完全放心，直到院长告诉她化验结果："师兄的瘤是良性的，你可以放心了。"当她听到这句话，终于放下心来。

在医院的那阵子,她常常会摸摸业平的身体,确定是温热的才放心,同时心中充满了感恩。业平说:"最好的感恩就是化为行动,希望我和我家师姊在慈济道上能够一同精进,对整个志业能更用心付出、再付出。"

【无私付出最可贵】

世间苦难,能启动人的爱心;只要有一分付出,就会有一分感动。

——《静思语》第三集

彰化志工苏玉霜以前是养猪户,虽然经济无虞,但在短短四年内接连失去四位挚爱的亲人,让她心情一直处于低潮。她曾把自己封闭在家里、足不出户,后来加入慈济,了解因缘果报后才走了出来。

因为慈济,苏玉霜了解养猪杀生不好,毅然结束事业,全心做慈济。如今的苏玉霜师姊,泡茶时姿态柔软轻盈,透过静思茶道净化心灵,不管任何慈济事都全心投入,获得满心法喜,赶走蓝色忧郁。

师姊挚爱的妈妈、大哥、大姊和侄子,因为身体的病痛、无情的意外,突然撒手人寰。她回想当时的心情:"痛彻心肺!都是自己的至亲,真的,没有经历过的人,不会知道那种苦。"

亲人一个接着一个离去,残酷的打击,击垮了苏玉霜。她不但天天哭泣，一度还有轻生念头，直到聆听证严上人法语，了解因缘果报，才放下悲痛，也放弃了赚钱的养猪事业。

苏师姊说："上人说，养猪是造业，所谓造业，就是你做的所有业报都要自己承担，到了往生，除了业，不会带走半样东西。听到这些话，我就觉悟了。"

另一位志工林师姊表示："苏师姊全心付出，毫无所求，只要她看到自己做得到的，就会好好去做，而且勇于承担。"

积极做志业，苏玉霜现在的心念是照顾好自己的身体，有健康才能多付出。她要用笑容面对人生，跟稳上人的脚步，多多行善。

【实践大爱】

"志工"是将真诚的爱,当作生命的一部分,并身体力行的人。

——《静思语》第三集

略胖的体态、花白的发与微跛的脚,赖王利慧逢人就笑、逢人就是亲切的招呼,轻快走过医院大厅,走进每位病患、老人的心里。

六年多前,花莲慈济医院"轻安居"启用,赖王利慧和先生赖品瑞即陪伴退化或病痛的老人们唱歌、聊天、制作点心、运动做复健。如今两人年纪都已七十多岁,每月仍迢迢自高雄前来服务。

除了热络气氛外,"轻安居"志工要像子女般"孝顺"这些病痛、退化或失智的老人,更要用孩子般的童言童语来安抚他们——这是赖王利慧的心得。赖品瑞补充:"如果老人家还能自己去上厕所,吃东西时能自理,我们就尽量让他们自己来;多动,功能才不会一直退化,只要注意别让他们摔倒了就好。"

赖师兄夫妻俩担任慈济志工十六年,收善款、做环保,四处跑透透。后来年纪大了,手脚不像以往俐落,便到花莲慈院"轻安居"和大林慈院当志工,前后也做了六年多。老人们来来去去,状况各不相同,要照顾好他们的身心格外辛苦,如何与他们相处、在什么时候该说什么话,也是一种修行。

赖品瑞固定帮老人家剪发,或者陪同看诊;他认为做志工不仅是服务他人而已。"看得多,对自己的生命,也看得更开。为人服务最快乐。与老人家相处、说话,他们高兴,我们也高兴。他们教导了我——要把握人生使用权。"

累积了六年多的经验,让赖王利慧更明白"同理心与同情心不同"。她说:"要'将心比心',把病患当成自己的亲人看待,那种感觉很不一样。"

有一次,心莲病房来了一位五十多岁的口腔癌病人,他和太太一直关在病房里,不说话,也不与外人接触,更不接受志工关怀。有一天,病人八十多岁的老妈妈来探病,赖王利慧和老妈妈聊了一会儿后,决定进入病房与病人长谈。

"你是不是很担心如果你走了,太太没人照顾?但如果太太再嫁,你又担心母亲没人孝顺?"病人激动地说:"你怎么知道?"终于有人明白自己的心情,病人的情绪一股脑儿宣泄出来:"我最难过的就是不能孝顺母亲。希望太太无论如何都能继续孝顺我母亲……"

这个不知道该如何启齿的心愿,纠结着在生死两端的两个人。赖王利慧将病人的心情和想法转告了他的太太,太太了解先生的意思后,告诉他:"放心,我一定会孝顺妈妈的!"

那位病人往生后,太太再回来医院时,巧遇赖王利慧,拉着她的手,恳切地说:"当时我们真的很无助,夫妻俩不晓得怎么沟通,一个躺在病床上整天怨叹,一个只能站在窗边发呆,完全不知该怎么做才好,还好遇到了你……"

"人老,钱再多也没有用,健康最重要。做志工怎么会累?能做就是福气啊!"赖王利慧十分珍惜此时此刻的福气。

相互感恩

【利人就是利己】

关心别人就是关心自己,救助别人就是救助自己。

——《静思语》第三集

　　清晨五点半,许丽雪起床为四个女儿准备早餐;六点半,来到工作的餐厅,开始一整天的"厨工"工作:洗菜、切菜、准备餐盘等,结束后再收盘、洗净、整理。一天三餐、一年两百多个工作天,都是同样的流程。

　　下班前,若有卖剩的菜肴,她就打包带走,赶着在七点半回到家,免得女儿们饿坏了。

　　周末假日,许丽雪总是另找餐厅,端盘打工。她当然很想休息,但不敢休息;身为单亲妈妈,要抚养四个孩子,她最需要的就是钱。

　　六年前,先生因工地意外往生,只留下债务与稚龄孩子。她带着四个女儿,挤住在一处两坪大、只有一张床的狭小房里,泪痕还来不及擦掉,柴米油盐却一天也少不得。

其实她不怕苦——种田、卖冰淇淋、当杆弟、车缝窗帘、早餐店打工、面摊洗碗等,长年来已习惯粗劳。真正苦的是,即便心里再苦,也没人可倾吐、依赖了。

怨叹先生抛下她一人先走,她曾经难过到走向楼顶,迎风拂面拭着泪水,自怜得想跳下去。性格内向,话语不多,眉头常锁着的许丽雪说,她忆不起任何快乐片段,人生对她言就是"苦",唯一想的就是不停工作赚钱。

先生过世后半年,慈济志工来到她家。房子太小,她们席地坐着,她见到膝盖不好的志工杨妈妈,连起身都不方便,当下她的心被触动了:"我还年轻,若能找到稳定的工作,我一定要靠自己的力量,不要麻烦别人。"

这么多年来,她婉拒长期经济补助,仅接受慈济补助女儿一次注册费。对她来说,金钱固然重要,但"有人关心"的感觉更重要。"毕竟钱会花完,但志工关怀的温馨,却始终陪伴着我。"许丽雪说,慈济人真心肤慰,给了她希望与力量。

了解慈济环保工作后,许丽雪开始在餐厅做资源回收,将客人丢弃的瓶罐分类收好,下班后再装袋送往环保站;若遇周末假日没打工机会,她会带着四个女儿参与慈济活动,帮忙做事;偶尔也会随着志工杨妈妈探访案家。

第一次访贫的对象,是位带着两个孩子的妈妈,先生因血癌往生。那天的经验让许丽雪惊悟,原来像她一样单亲抚养儿女的家庭并不少见;透过访视,她打开了眼界、心扉。多次接触、分享心情后,她和不少单亲妈妈们成为好朋友,互相打气。"看到她们,就像看到曾经的自己。"关心他人的同时,也淡化了自己的苦,许丽雪这么感觉。

"比我苦的人还多着呢!我人穷,志不能穷。"许丽雪感恩工作稳定,能成为付出、助人的人。她以证严上人的法语自勉:"有心就有福,有愿就有力。"

【慧命自己造】

造福人群，就是富有自己。

——《静思语》第三集

慈济委员王师姊，年轻时因先生外遇离家，一度痛苦到想寻短，所幸为了孩子而决心奋斗下去，就这样孤自一人，茹苦含辛的抚养一对儿女长大成人。

四十八岁那年，在女儿请求下，不识英文的她移民纽约，帮忙照顾外孙，每天苦背英文，适应当地生活。几年后，她顶下一间自助洗衣店，天天一早就开店、半夜才休息，刚开始一天只赚三十美金，连付房租都不够；渐渐的，由于她十分努力认真，且与人广结好缘，生意日有起色。

洗衣店收入日益增加，然而，她反而一直觉得"缺"钱，有八千就想凑一万，买了房子还是不快乐。一日，从镜中看见颓老的自己，突然惊醒：一生拼命赚钱，究竟所为何来？在一位慈济志工接引下，她和女儿开始捐款给慈济，也希望从中找寻生命意义。

二〇〇六年,她回台受证当委员,返美后更努力做慈济。她牢记着证严上人的话:"一切唯心造。一个心念可以决定生命的方向,幸或不幸都是自心所造。心念一转,付出无所求,天天做,天天感恩、知足,就是幸福人生。"无论环保、发放、扫街、访视、会所清扫等,她什么工作都做,尽一己之力,布施时间、体力、金钱。

全球遭遇金融危机席卷后,上人对许多忧心的企业家开示说:"企业家不断地企划,有了一万元,就要做十万元的生意,永远'有一缺九';表面看来事业庞大,其实如泡沫般禁不起考验。秉持诚正信实、实实在在打拼,才是生财之道;还要建立正确的金钱观,把钱用得有价值——付出无所求还能感恩,就会法喜充满,得无量法财。"

上人勉励大家,若能学习王师姊善用本身的潜能,脚踏实地、凭实力付出,难关很快就会过去;经营事业亦然,要转过去的"企业"为"实业",做个"实业家"。

上人强调,心无贪婪、生活清淡、肯发挥本能,就能安度危机。"慧命的养分是自己创造的——时时知足、无私付出,过一天则增加一天慧命。人人有此心地风光,人间就是净土。"

【宽广的爱】

付出的爱有多宽，得到的爱就有多广。

——《静思语》第三集

谢玉萱年幼时常遭父亲打骂，让她从小就相当自卑；而结婚之后，先生竟也常是粗言拳脚相向，家暴的痛苦始终围绕着她。

长期生活在暴力的阴影当中，让她染上了赌博、吃槟榔等坏习惯，想要自我麻醉，可是脾气却变得愈来愈暴躁；后来又因家中经济出问题，谢玉萱无法承担人生的重担，罹患了重度精神疾病。

直到数年前，谢玉萱收看"大爱剧场"播出的邱文吉的故事，感动之余，让她决心戒掉吃槟榔的恶习；后来，更受到证严上人的感召，开始走进慈济的环保站，担任环保志工，也在中坜园区协助种菜。从志工工作中，谢玉萱慢慢找到自己的价值，常常到了晚上，她仍是不休息，和大家一起在环保站勤做分类。

其后,先生也跟着她做环保志工,彼此互相支持,夫妻关系无形中改善很多,当然也不再发生家暴事件。她的先生在分享时说:"玉萱有时候会因为做分类,甚至忘了回家吃晚饭,所以我就会打个电话问她说,漂亮师姊,你何时要回来?"

现在,谢玉萱脸上的愁苦消失了,经常挂满了笑容,也不再受精神疾病困扰。她非常感恩慈济救了她,也救了家人,人生从此不同。

上人很欣慰地表示:"每个人心中都有爱,但是爱得太狭窄了,只局限在自己所爱的小小空间。走入慈济,我们要放长时间、扩大空间,创造人与人之间的和谐。"

【福缘共聚】

心中有爱,就是富有人生;福缘共聚,就是美善人间。

——《静思语》第三集

每天清晨,当大家都还在睡梦中,好妈妈就已穿梭于住家附近的巷弄中,扫尽满地的落叶、垃圾。人称"好妈妈"的陈好,已经七十五岁,把扫地当成晨间运动的她,十数年如一日,也在邻里间广结好缘。

好妈妈原来是在菜市场卖面线,十几年前不小心跌一跤,送到医院才知道耻骨裂伤,卧床四十天,严重的褥疮让陈好每每翻身便疼痛不已;孝顺的儿子发想创意,将床板打洞,将电风扇放床下朝上吹,以减轻母亲的不适。

有一天,儿子邀三位慈济志工前来探望陈好,并鼓励她发好愿,尽快好起来做志工。果真"有愿就有力",住院的第五十天,好妈妈已能坐起来;到了第六十天时,她就能下床走路。此后,陈好便积极参与志工服务,逢人便说慈济事,晚上睡觉时,也想着明天要做的志工行程。

出院后,陈好每每卖完面线,就推着载面线的车,沿着大街小巷,捡拾被丢弃的纸板及瓶瓶罐罐,只要是可回收再利用的物品,都逃不过她的眼睛。

起初,陈好也曾招来他人异样的眼光,但她凭着满腔热忱,认为只要是有意义的事,就该坚持去做。后来,邻居们慢慢了解陈好在做的资源回收,是要将"垃圾变黄金",好去帮助慈济做善事,大家深受感动,纷纷把可回收的物品送到她家。

由于东西愈堆愈多,陈好索性将住家隔壁的房子腾出来当环保站,并邀大家抽空一起来做分类。

久而久之,愈来愈多邻居加入陈好的环保站,将垃圾分类当成晨间运动。魏师姊就是其中一位,她因为手受伤离职在家休息,却发现做资源回收很有意义,从此天天都可在环保站看到她的身影;每周需洗肾三次的林师姊,也是每天一早就来报到,还邀母亲、先生、小孩一起参与,她说做环保的当下,常会忘了自身的病痛。

一个看似不起眼的资源回收站,却让陈好有了另一个人生目标。她表示,只要是对的事情,她愿意无所求地付出。

一路走来,陈好的回收站在众人的共同耕耘下,不仅回收资源、保护大地,更是一个安顿心灵的好所在,协助其他人走出低潮,人生变得更有意义。

【人间菩萨招生站】

人人发挥心中的爱,能凝聚善的福业,形成善的循环。

——《静思语》第三集

位于新庄子传统市场入口右侧的"万有商行",是一间城市少见的传统"柑仔店",玻璃门上贴有两张粉红色海报纸,上面以毛笔字写着:"人间菩萨招生"、"大爱妈妈招生"。

这些"墨宝",都出自柑仔店老板娘杨师姊的先生之手,两张海报长年贴在店门口,简简单单、朴实无华,却实实在在为社区募到了许多志工。

十五年来,慈济志工杨师姊在这人潮熙攘的菜市场入口处,接引了超过三百人加入慈济行列,也常有人在此得到心灵的肤慰与抒发。

她总是在繁杂的家业及事业中,把握机缘,逢人就说慈济,把慈济事当作本分事。曾有一位女士走进店里,问她:"人间菩萨招生是什么意思?"杨师姊回忆说:

"那位女士让我印象深刻。她惨白的面容,一看就知道是生病的人。"

看她身体不好,杨师姊实在不敢邀她做志工,怕她撑不住。向她介绍慈济之后,只邀请她将家中回收的资源送到环保站。没想到,几天后,那位女士却开始到环保站当志工,身体愈做愈好,也成了大爱妈妈。"这一切真是好因缘。"杨师姊说。

心地柔美,是众人对杨师姊的共同印象,常有人因此主动到柑仔店向她诉说不如意。若遇到有人因为生病而痛苦时,杨师姊总会与他们分享那位女士的故事;多数人听完后,都是带着勇气与笑容离开。

"万有商行"是新庄子居民联络感情的聚会地,也是募心的人间菩萨招生站。杨师姊说,她会坚守着这间老店,继续协助有缘人,找到"心"的方向。

【善用生命良能】

爱人自爱、自爱爱人，就是佛心、菩萨心。

——《静思语》第三集

小芬四岁那年，爸爸因为工作时不慎误触高压电而往生。之后，妈妈带两个姊姊去台北谋生，将小芬和弟弟留在乡下由奶奶照顾。小芬很想念妈妈，经常盼望能到台北去。

在她十岁那年的某一天，悲剧发生了，原本就有忧郁倾向的妈妈，自杀往生。就这样，小芬成了孤儿。之后，奶奶决定举家搬到台北，由叔叔收养小芬四姊弟。

到了小芬升上初三时，奶奶中风了，半身瘫痪，只能躺在床上。小芬每天帮她换尿布、喂饭、洗澡；除了上学，其他时间几乎都陪在奶奶身边。直到一年多后，奶奶有外佣照顾了，但她对小芬仍是相当依赖。小芬害怕奶奶的坏脾气，尽管承诺要去看奶奶，但心里却逃避地想着："下周再去陪她吧！"

没想到，奶奶等不到下个周末来临，突然离开人世。小芬好遗憾，感到人生实在太无常了，爸爸、妈妈、奶奶都在她毫无心理准备下，一一离开人世，这样的打击实在让她很难承受。

小芬上大学后不久，因为与室友处得不好，加上经济压力，让她沉迷于抽烟、喝酒，甚至出现自杀念头。幸而，茫然的小芬参加了学校的慈善社团"慈青社"，因为一句话："你可以把对奶奶的小爱化作大爱，去照顾其他老人。"她开始参与服务老人的活动。

大一暑假时，小芬到花莲慈济医院服务，常去陪伴一位孤单的老奶奶。老奶奶需要洗肾，必须经过家人同意；医院打电话给家属，没想到，老奶奶的儿子竟然不愿意来看她。小芬不敢相信——竟然有孩子不要自己的妈妈！"见苦知福"，小芬忽然感到自己很幸福，因为收养她的叔婶从不曾让她一个人面对病痛，直到那时，她才懂得感恩他们多年的照顾。

在小芬内心深处，常常觉得自己不受喜爱——爸爸妈妈不要她，还拖累姊姊得帮忙赚钱养她们，连她自己都不喜欢自己。参加慈青工作，让小芬在付出与感恩中，感受到自己生命的价值。

如今的小芬,早已抛弃自杀的念头,更懂得珍惜生命;也不会再把父母往生的事,怪罪在自己身上。因为她知道,活下来的人,有责任要做更多有意义的事情。

　　证严上人告诉她:"能够自爱,则分秒都有人爱;若不自爱,那么佛在面前也没用。最重要的是自己爱自己。"小芬期许自己能够一直坚强地自爱爱人。

【善解包容】

用菩萨的智慧,看待家人;用父母的包容,关怀天下人。

——《静思语》第三集

这是在中国大陆发生的一个感人的真实故事。

邹阿梅和张昌平夫妻俩从乡下到福鼎城里打工,想为孩子们营造一个温馨富裕的家庭。先生擅长木工,常常一开工,就停不下手;太太就在屋子前摆小吃摊,还批发手工回来,想要在闲暇时多赚点钱。这样两人一起努力踏实的日子,原本应该内心很充足,竟然在经济情况稍稍改善后,就变了调。

张昌平迷上了地下签赌,后来又染上喝酒恶习,赌博输了钱就喝闷酒,还拿太太出气。阿梅忍不下这口气,经常和昌平吵架、争执,大打出手,家中原本的温馨气息荡然无存。

一天深夜,阿梅回想起这段日子,心下茫然,就拿起刀子想自杀……孩子刚好在那时醒来,哭着对妈妈说:"我还没长大,谁来照顾我?"阿梅舍不下孩子,虽然放下利刃,但她放不下心里的怨怒,便离家出走了。

阿梅辗转透过朋友找到慈济志工,述说着自己不幸的遭遇,满心愤恨要与先生离婚。慈济师姊想帮助阿梅走出困境,于是带她到乡下去访视孤苦伶仃的孩子。看到那么多可怜无依的孩子,让阿梅深深体会到,给孩子完整的家是多么重要。

昌平在阿梅离家之后,了解到太太为家庭的牺牲与付出,也醒悟自己的不是。一位慈济志工纪师兄也协助调解,劝导昌平走向正途,并免费提供家中一楼的套房,给当时经济困顿的昌平一家人,希望他们能够重新开始。志工们还轮流照顾他们的孩子。在大家齐心努力下,夫妻终于挽回婚姻,重新经营家庭生活。

现在一家人重新开始,虽然一切归零,生活不宽裕,但张昌平表示,因为慈济人帮助他们,让他们的家庭不致破碎,所以他们乐于回馈。只要有付出的机会,张昌平就和师兄、师姊一起去把回收物拉回医院的环保站,风雨无阻。

在慈济可以放心地爱和被爱。张昌平从外地到福鼎打工,虽然曾经走岔了路,但只要真心改过,素昧平生的慈济人,永远像家人一样陪伴与支持。

【好喜布施】

布施,有形的救济别人,无形的帮助自己。

——《静思语》第三集

越南女孩阿西十岁时,有一天半夜突然肚子很痛,并严重呕吐,幸好有二姊夫送她到医院。到了凌晨六点,医师表示情况紧急,必须马上开刀,并且告知家属,以后阿西将不能生育。

原来,阿西得了卵巢癌!小小年纪连发育都还没完全,就面临生死难关,但家中经济困窘,根本没有钱让她进行化疗。

阿西的母亲说:"那时我一听完医生的话,还没回到孩子的病房就昏倒了,我们母女俩只好留在医院,由其他的孩子去凑钱。"

幸而阿西有缘成为慈济照顾户。五年后,她不但存活下来,更发心成为志工,参与访贫等慈善工作,忘却缠身的病痛。在一次义诊活动时,她很感恩地说:

"以前生病时,医生说我不能被救活。但慈济帮助了我,而且让我有机会参加很多活动。今天是我第一次参加义诊,我很感动,我一定要发心,帮忙更多人。"

看着阿西的转变,不断鼓励她的慈济志工思美、思丽两姊妹都欢喜不已。

思美当初因为亲戚的牵引走进慈济,在访贫时深受感动,于是也带着妹妹思丽一起投入志业。回顾来时路,思美感恩表示:"我感觉做慈济志工,可以帮忙很多人。很多人需要我们帮忙,所以我也拉妹妹一起做慈济。"妹妹思丽也说:"我们除了可以帮助别人外,身心也比较开朗,虽然不敢说有智慧,但我们觉得,自己的心更开阔了。"

从前姊妹俩很容易就吵起来,谁也不听谁的。现在她们面对每一件事情,不像以前那么暴躁,而会静下来慢慢想。姊妹俩的争执少了,感情当然变好了,还共同编织一个美梦。思美笑着说:"我们会继续走,一直走下去,希望以后可以拉着我们的孩子一起走。"

在菩萨道上,姊妹俩不仅携手同行,也要紧紧牵着阿西,步伐或许快、或许慢,但眼眸却凝视着同样的方向,并肩前进。

【对自己负责】

爱惜生命是本分，尊重互爱是福分。

——《静思语》第三集

屏东慈济志工如玫，从小父母对她不闻不问，让她既自卑又怨恨；年轻时，一次投资失利，又让她瞬间举债百万。面对诸般不顺遂的她，几度打算结束生命，所幸及时接触了慈济，她不仅因而放下怨懑，更与母亲恢复了联系，生命中出现了过去少有的欢笑。

如玫的父母在她满月隔天就将她送回屏东，交由经济状况不佳的祖父母抚养。小学时，她为了减轻阿公、阿嬷的负担，帮邻居采槟榔、到面店洗碗，换取微薄的工资贴补家用。来自不健全的家庭，让她经常遭受同学的嘲笑，小小的心灵无法谅解父母为何弃她于不顾。

十七岁那年，如玫拿出所有积蓄投资精品店，不料遭员工窃走存货，她一夜之间负债近二百万元。庞大的债务,加上母亲多年来的冷漠,让向来坚强的她几近崩溃,选择以自残来逃避。为了还清债务,她不顾一切到陪酒的理容院上班,以不到三年的时间快速还清债务,却也染上抽烟、喝酒的恶习。

在浑浑噩噩的日子里,如玫的生命中只剩下怨恨及对未来的迷惘,于是她经常求神问卜、算命改名,企图透过无形的力量来扭转坎坷的命运。然而,如无头苍蝇般的追寻,不仅找不到改变命运的妙方,更无法获得心灵的平静,因而多次企图自杀,以逃避来自四面八方的压力。

一天夜里,如玫下班回到家后,打开电视正好看见证严上人开示。"这辈子会这么苦,是因为上辈子做不好,所以要'甘愿做、欢喜受'。"上人的字字句句,仿佛都是对着她说的,尤其是"甘愿还,打八折;不愿还,要加利息",更像当头棒喝般,令她深受震撼,当下痛哭失声。

后来,如玫在朋友介绍下结识了慈济志工。也许是慈济的和善氛围影响,渐渐地,她将心中的不满与怨念,转换成对人群付出的大爱。

她说,有了慈济,她的人生比以前快乐许多。遇到困境时,她会翻读证严上人的书与《静思语》,《静思语》中的"原谅别人,就是善待自己",更让她放下了对父母的不谅解,反而对父母充满爱与感恩。这一念之间的改变,让她主动与母亲联络,前往探望母亲与小妹,母女间重新建立了善因缘。

走过艰辛坎坷的人生,如玫因为慈济敞开了晦涩多年的心,并善用生命付出大爱。现在她明白,只要活着,就要好好珍惜自己;只要活着,人可以发挥很多功能,做很多有意义的事。

【自度度人】

用法度己,智慧成长;再度他人,就是"回自向他"。

——《静思语》第三集

牵着脚踏车,秋美一边走、一边捡,连路边丢弃的一个宝特瓶也不放过,没多久整辆车就堆满了。每天清早,社区居民总会看到她四处巡逻做环保的身影,秋美这样投入环保的精神,感动了邻居。十几年来,大家都自动把回收物放在自家骑楼前,方便她工作,有人甚至主动将空地借给她当作回收站。

刚开始接触慈济时,秋美就选择自己可以承担的环保志工来投入,一路走来,做资源回收早已成为她的生活重心。身为家庭主妇的她,做慈济的方法也很主妇,那就是担任福田志工,定期到慈济的会所去帮忙清洁工作。

今年六十六岁的秋美,和先生祥祯相差了二十二岁,他们的婚姻是那个年代常见的老芋头配番薯。先生是跟着国民政府撤退来台的职业军人,在家时间少,加上两人语言不通,互动更少,夫妻感情一直不睦;有很长一段时间,她听到先生回家的脚步声,甚至会感到害怕。婚姻对当时的秋美来说,充满了苦涩与无奈。

两条平行线般几乎毫无交集的夫妻关系,直到秋美开始参加慈济委员培训时,慢慢有了改变。那时她请购大量有关慈济和证严上人的出版品,但因为识字不多,经常必须请教先生,后来连先生也和她一起阅读这些书籍了。

就这样,沉浸在证严上人书籍中的秋美与祥祯,不但找到了共通的语言,架起了沟通的桥梁,长期耳濡目染之下,夫妻俩也开始懂得反省与改变自己。这段大时代造就的姻缘,从此展开了不同的故事。

走入慈济当志工,让秋美找到心灵的平静,以及家庭的和乐,人生有了不敢奢望的幸福。没想到,投入做环保的爱心帮助了社区,感动了邻居,甚至也感动了自己的丈夫。秋美不计较地辛苦付出,创造了最美好的善循环。

【助人之乐】

助人不仅是美德，也是心灵一大享受。

——《静思语》第三集

家住桃园的罗师兄，过去经营家庭式的铁工厂，除了修补或搭建铁屋、铁窗外，各式中小型的工程也几乎都涵括在他的服务项目里。正因为内容包罗万象，工作时必须爬上爬下的，受伤的风险相对也高。

罗师兄也常参与慈济的许多工程，发挥所长。对他来说，做自己的事业压力比较大，做志业反而比较轻松、开心，经常让他忘了自己受过的伤。他之所以这么投入志业，是因为他接触了慈济、成为志工后，不再把全部心思只放在家庭和女儿身上，反而因为与其他志工及民众互动的机会增加，得到了更多不同的智慧与体会。

他除了在慈少班承担队辅爸爸的任务、担任协力队长，还负责一个环保站，经常开着自己的货车，和其他志工一起到工业区里做资源回收。尽管他的社区邻居做环保的想法还不够普遍，参与的人有限，罗师兄还是默默耕耘这块福田，接引志工为慈济志业注入新血。环保站开始运作后，来这儿担任志工的人一年比一年增加，他总是会告诉大家，要自耕福田，才能自得福缘，而这也是他积极推动的理念。

他希望，即使有一天他不在这个位子上，还是会有络绎不绝的志工继续为爱护地球而努力。这样的理念，其实也就是他持续参与慈济的动力。

过去，罗师兄的工作让他拥有不错的收入，然而他却迷上了赌博，曾经三天就输掉一个月的薪水，和家人的相处也因而出现了问题。就在他思考究竟该如何重拾家庭和乐时，他接触了慈济，并且接下慈少班干事。

为了改变和女儿的关系，他带着女儿一起参加快乐成长营，结果，他在活动中学到了许多，改变了自己的心态，懂得放下，不再把孩子限制在自己的框框里。破除了这个框架后，他豁然发现，不仅自己得到了解脱，他与家人的互动，也有了全新的开始。

现在的他和女儿的相处有了极大的转变，两人之间的冰山融化了，找回了亲情的温暖，也找回了和乐的家庭。

【体会生命意义】

寻找生命的答案,在于身体力行的体悟。

——《静思语》第三集

"没有碰到张师兄和慈济以前,我以为我会吸毒吸到死。"曾经是吸毒累犯、进出监狱多次的陈天河说。

他口中的"张师兄"就是张添福。过去的张添福,曾因吸毒、贩毒被判过无期徒刑;现在的张添福,是慈济受证慈诚队员,在台中开设素食餐厅。厨房里的"总铺师"就是陈天河,陈天河的老母亲则帮忙当跑堂。陈妈妈说,天河这孩子一直让她好操心,流了好多年的眼泪。"现在好了,安心啰!"

"我的父母也是,到现在才安心。"张添福说:"如果没有遇见慈济,我想我这辈子一定完了。"张添福四十八岁了,这个小餐厅却是他生平第一份正当事业。

从小资质聪颖,成绩也不错的张添福,后来却因贩毒而锒铛入狱。一审被判无期徒刑时,他觉得今生无望了,晚上睡不着,看到《了凡四训》里,了凡先生天天忏悔、止恶行善,花了三年时间改变命运,张添福很受感动,决心也要改变自己命运。

他设计了一张表格,红笔记录善行,蓝笔记录恶念。一开始蓝字多,红字少;慢慢地,红色增加了,蓝色减少了,他知道,自己的命运开始改变了,于是更加虔诚念佛、拜佛、忏悔,找善书来读。第一次看到《慈济》月刊,他非常感动,写了一封信告诉证严上人,如果有机会假释出狱,一定要到慈济当志工。

贩毒案上诉到最高法院时,狱友都劝张添福否认到底,他却对所有罪行坦承不讳,为过去所作所为深深忏悔。法官见他诚恳认错,意外地将无期徒刑改判八年徒刑。卸下脚镣后,张添福再次写信给上人,发愿要当慈济人,未来还要捐赠大体。

假释出狱时,张添福已经四十五岁。出狱一个月后,为了布施,他来到台中分会,鼓起勇气走进去,却不敢说要捐钱,请购了一本《静思语》就匆匆离开。后来他改用电话联络,慈济委员吕师姊来家里拜访,他羞怯地说出自己是个更生人,吕师姊哈哈大笑,说:"我过去是开酒店的!慈济大门是敞开的,只问当下,不问过去。"从此,他就跟着吕师姊成为志工。

张添福师兄的故事经过"大爱新闻"报导后,许多吸毒者或主动、或被动来找他帮忙。对于求助者,张添福都以过来人的心情想拉他们一把,但过了两三年,他体会到"慈悲要加上智慧",不能只是一头热。张添福感慨地说:"想戒毒、想改过,都必须自己有觉悟。自己有决心和毅力,加上旁人的助缘,才能成功。"

张添福和陈天河的餐厅附近有殡仪馆和医院,素食的需求量大,张添福常常要外送便当,忙得没时间喘息,但能够为需要的人提供服务、与众人结好缘,再辛苦他都觉得很欢喜。这就是张添福,他以自身的故事,度化着其他和他一样,曾经在人生路上跌跤的有缘人。

【积善致福】

心善造福是福气。

——《静思语》第三集

有一位七十多岁的阿嬷,个性很乐观,先前患了眼疾,但很幸运地接受了眼角膜的捐赠。自从移植眼角膜后,阿嬷的活动力更旺盛,七十多岁还能爬树。她说:"很久没爬树了,忍不住想活络一下筋骨。"

当初阿嬷接到可以进行移植手术的通知时,还不太敢相信地说:"真的有符合的眼角膜吗?我年纪这么大了,应该留给年轻人才对。"不过,既然机缘凑巧,阿嬷也就接受了手术。

阿嬷告诉志工:"我也和你们一样在做志工,我把左邻右舍那些老人家都照顾得很好。"

"您怎么照顾呢?"

"我用看的啊!因为老人家大部分都独居,我会去看他们门口的鞋子,如果一整天鞋子都在原地,我就去敲门;如果没人回应,我就让小孙女从窗口爬进去开门,然后进去看看主人到底怎么了。"

阿嬷用这种方式,几次及时救了昏倒在家的独居老人。自从阿嬷的眼疾治好后,老邻居有事都会上门找她。阿嬷的女儿说:"我妈妈真的好忙,忙到没时间爬树,每次来我家就赶快跑去爬树,还直说:'真舒服!'"

这位阿嬷既细心又有智慧,更懂得发挥自己的良能。她说:"左邻右舍有这么多人需要照顾,我有福报接受眼角膜捐赠,当然要更努力做志工来帮助别人。"如此精进的精神,着实让人赞佩不已。

学习耐性

【欢喜付出】

人间路坎坷难行，只要甘愿付出，心常欢喜，则不以为苦。

——《静思语》第三集

自从十多岁嫁进这个家，罔市便操持着一家人的生活。先生喜欢喝酒，十多年前就撒手人寰。不识字、没有一技之长的罔市，面对五个嗷嗷待哺的儿女，只能无语问天。

每天清晨四点，罔市就在路边的垃圾桶里翻找铁、铝罐或宝特瓶，但顶多能换得二十块钱。为了一屋子的孩子，罔市不顾身体孱弱，到处打工，从帮佣洗衣、到糖厂打扫、洗厕所……一心要把五个孩子养育成人。

怎奈大儿子、二儿子相继染上酗酒恶习。后来老二离家出走，不知所终。老大阿雄娶了两任妻子，相继求去；没有固定工作的阿雄，依然沉迷酒精中；而在一次酒醒之后，阿雄竟丢下三个孩子和惊恐的母亲，离家出走了。

从单亲妈妈变成阿嬷,为了孙子和女儿,罔市依然每天得在太阳露脸前出门,在昏黄的路灯下翻找垃圾桶,捡回收物;哪儿有工作、哪儿能赚到钱,再辛苦、工资再低,还是要去,否则生活怎么过呢?

在社区的提报与转介中,慈济人开始关怀这家人。除了金钱补助,志工也为全家人做心灵辅导;更充当孩子的保母,给这个不完整的家,注入长久欠缺的关爱;志工辅导孩子功课,"品学兼优"是两位班导师对罔市孙子一致的评语;志工更教导他们要孝顺、帮忙备极辛劳的阿嬷。

四年前,离家的长子阿雄突然回家了。阿雄虽然抽烟、喝酒依旧,但不再发酒疯,只是整日躲在屋内。在志工用心的陪伴与鼓励下,阿雄渐渐走出生命阴霾,决心戒酒。

战胜自己的阿雄,到建筑工地做工。有着一身强壮体格的他,手持圆锹,铲着砂石与水泥,和电动混凝土搅拌器的速度竞赛着;豆大的汗珠不停地从额头滑落,湿透全身。不再受制于酒精的阿雄,终于承担起一家的生活重担。

假日有空时,阿雄会带三个孩子到慈济环保站当志工,父子四人一起弯腰做资源分类,感情愈来愈融洽。

某一年的母亲节,慈济志工安排了一场温馨的"奉茶"活动。那天阿雄端着茶,跪在母亲面前,轻声说:"阿母,感恩您,给您奉茶。"噙着泪水的罔市,颤抖着手,接过茶盘中那杯茶,感恩的泪水滴落在茶水中,让所有的人都感动不已。

罔市终于等到了浪子回头,也等到了这温馨时刻。

【人生正道】

心若能融会贯通道理,人生的方向就不会走错。

——《静思语》第三集

罹患小儿麻痹的美秋,因为行动不便,从小反而得到父母过多的疼爱。但她的个性却因此变得偏差,年纪愈长,对父母的态度愈恶劣,连父亲特别买给她的早餐,她也经常恶言相向,嫌东嫌西。

结了婚之后,先生对她的无理取闹,也只能吞忍、包容,而她对自己的跋扈并不自觉,导致先生后来每天酗酒,动不动就打架闹事。更糟的是,她染上了牌瘾,日日沉迷于打牌,输了钱回家,就拿儿子出气。如此的打骂教育下,儿子祥达叛逆地把对父母的恨,报复在社会上,最后因为偷车、抢劫入监服刑。

接触慈济后,美秋戒赌了!也终于明白,原来是她错误的教育方式造成儿子的叛逆。她忏悔地说:"以前个性很坏,从来不知自己有多幸福,将怨气都发泄在孩子身上。直到听到证严上人说：'人要知足、感恩、善解、包容。'才了解自己是多么没智慧。从前以为自己的孩子不好，原来'只有不会教养的父母，没有教不会的孩子'。"

美秋十分努力改掉自己暴躁的脾气，她的转变不仅改善了家庭气氛，甚至渡化了先生。以往喝了酒就闹事的他，不但戒了酒，做志业更是比谁都认真。

每天一大早，美秋就骑着电动三轮车，来到东大园区。出狱后的祥达也开始跟着妈妈做慈济，现在，母子俩都成了快乐的慈济人，笑容经常挂在脸上。爱的力量，让一家人重享天伦乐，真正拥有富足的人生。

【勇于改过】

人生不怕错,只怕不改过。

——《静思语》第三集

在人生舞台上,许多人沉沉浮浮、跌跌撞撞,经历了很大的磨难后,才终于有所觉悟。

郑丽心,曾经是小学的体育老师,却在朋友的诱导下,参与赌博行为,获得数倍的暴利,让她利欲熏心,从此走上歧途。后来更铤而走险,投资酒家、电玩等等不法事业,还开设地下钱庄,也当"大家乐"以及"六合彩"组头。她酒量惊人,为人海派,手下曾经有二三十名小弟,其中甚至包括职业杀手,跟着她为非作歹。

但是,九二一大地震震垮了她的一切,事业失败,更令她痛苦的是,员工竟趁火打劫,偷走她的不动产所有权状向人借贷,使得她吃上官司。

有形的财富瞬间崩垮,加上官司缠身,丽心的心充满了不甘与怨恨,到头来患了重度忧郁症,在医院进进出出。

二〇〇〇年的某一天,《慈济》月刊上的一张照片,让丽心十分震撼,忽然有所觉悟。那是证严上人为了希望工程,戴着斗笠到各地奔波勘灾的相片,身形虽然瘦弱,为众人的承担却那样巨大。而身材壮硕的丽心,却只为自身的遭遇怨天尤人,她当下反观自己,意识到自己过往的人生十分没有价值。

两年后,某位慈济人到社区做家访时,错按了丽心家的门铃,因为这样的因缘,让丽心从此踏入慈济门。

她发愿改造自己,首先就是要戒酒。在大半年都处于发抖、出汗的痛苦状况下,她终于戒酒成功。同时她也积极劝募、行善,只要慈济有活动,她都会尽力参加,帮忙作菜、洗碗、做资源回收等等劳务。

每周,丽心还到分会扫地、扫厕所,且投入社区《静思语》教学,彻底扭转了荒唐人生。有几位过去跟随她的小弟受到感动,也加入慈济当志工。

郑丽心这位大姊大,因为人生的挫折而觉醒,从黑道走入了菩萨道,也让亲友对她的印象完全改观。

证严上人藉丽心的生命故事,提醒大家:"做对的事是智慧,做错事就是愚痴,智慧与愚痴只是在一念之间。"

【甘愿做欢喜受】

能将"辛苦"视如"幸福",就能甘愿而不会累倒。

——《静思语》第三集

先生车祸脑伤昏迷,手术前,医师说:"救活了也是植物人。"亲友建议放弃,王芬芳静默地签下手术同意书:"不论结果如何,我全都接受。"其后先生住院月余,期间的每一天,即使大雨或台风,她都带着稚子来陪伴,对爸比"爱的呼唤",不曾中断。

旁人不抱希望,劝她:"还是送去安养院吧。"王芬芳铁了心,将做了气切、装有鼻胃管的先生接回家自己照顾。她辞去工作,守在先生旁边,每隔半小时至一小时帮他翻身拍背。天天辛勤复健,先生渐渐有些反应;几个月后,重返医院复诊,医护人员无不感到惊讶……

五年后,先生已能自行起卧出入;但因脑伤之故,饮食与排泄需要特殊照料,王芬芳几乎二十四小时看顾。但她换个心态,就当自己多了个孩子。

一九九六年从大陆海南岛嫁来台湾的王芬芳,性格单纯坚毅,她不自怜自艾,只是接受现实。她和孩子们讨论现况,鼓励他们接受当下的爸爸:"爸比是意外受伤,他这样也是不得已的。照顾爸比是我们的责任喔。"

多年前,姊夫心肌梗塞往生,姊姊走不出创痛而患了忧郁症。她常借此提醒自己要正向思考,也谨记证严上人开示:"担心难免,但不要烦恼,不要为尚未到来的明天、未来烦恼太多。"

慈济志工送来二手病床、抽痰机与气垫床;接着又有多位志工来访,真诚关怀先生与她的生活景况。经由他们的协助,她办妥低收入户资格、申请残障津贴,以及慈济和家扶中心的补助。

然而,几个月后,她主动要求取消慈济、家扶等补助,还捐款加入慈济会员行善:"这些钱来自十方捐献,有人更需要它。"王芬芳更抽空和志工们探访贫苦案家。此外,她几乎每天上午都会带先生搭公车,到慈济环保站做资源回收,将推送一篓篓沉重的玻璃罐、上举一袋袋的宝特瓶当成复健运动。

每日,王芬芳将孩子送到学校后,返家照顾先生,夜里还得留意先生起居,只能利用零碎时间补眠、赶做代工、当志工。一双儿女清楚母亲的辛劳,有着超龄的贴心,王芬芳说,家庭遭此变故,孩子已不仅是孩子,"我也需要他们支持。"

手里忙着将亮片缀上礼服,王芬芳很欣慰地表示,她有一间遮风蔽雨的屋,还有一对乖巧的儿女,这个家真的很完整。

【坚持与突破】

不简单的事能坚持,才是真本领;困难的事能突破,才是真耐心。

——《**静思语**》第三集

马来西亚马六甲峇株安南寂静的巷道,一盏灯划破黑暗,狗吠声由远而近……如此宁静的早晨,却是拉曼夫妻两人最忙碌的时刻。磨利胶刀是拉曼每天的例常工作,这把刀关系着一家八口的生计,他不得不小心翼翼;太太则忙着准备午餐,小小的锅里盛装半锅咖喱水,配着汤中几片菜叶和马铃薯,就是一餐。

多年来,拉曼家的孩子通常吃一两片饼干当做早点,他们夫妻俩则空着肚子就外出工作。"一份早餐要好几块钱,我宁可把钱存下来让孩子读书。"拉曼黝黑的脸庞露出坚定的表情:"唯有教育才能让孩子的未来脱困。"

省吃俭用是拉曼夫妻坚守的信念,只有这样才能让六个孩子的学业不致中断。然而,无论再怎么节省,割胶的收入总是有限,遭逢雨季或胶价骤跌时,日子就更苦了。

"即使生活再困难,爸爸妈妈都不会在我们面前表现出来。有时我问他们,是不是没钱了,他们总是轻描淡写地说不用担心,只要我好好读书。"长女玛妮看着父母每天工作长达十二小时,无比辛苦,丝毫不敢懈怠,以优秀的成绩来慰藉父母。

二女儿瓦蒂也说:"不管多苦,我都要继续学业。现阶段不学习,更待何时?况且全家人都支持我,所以我一定要坚持下去。"

拉曼夫妇尽力不让孩子中断学业,全家人共同走过了许多艰辛,但却甘之如饴,因为玛妮道出了他们全家对未来的期望:"如今的折腾只是短暂的,唯有教育是我们的出口,能让我们的未来不再受苦。"

二〇〇六年开始,慈济马六甲分会的志工知道了这个感人的家庭,于是提供了助学金。孩子们每年都领取三份慈济助学金,纾缓了拉曼在孩子开学前的焦虑,也让孩子安心就学。

近两年来一直陪伴他们的李师姊,非常佩服拉曼夫妇认真看待教育的态度:"对一般印裔家庭来说,通常会要求孩子读完高中就外出工作,但这位父亲很不一样,他宁愿多辛苦几年,也要让孩子完成深造的梦想,这点让我十分感动。"

　　拉曼一家可说是自助人助,父母亲牺牲奉献,子女懂事、奋发向上,拥有心灵的富足。

【愈挫愈勇】

将人生的挫折视为教育,不畏艰难、愈挫愈勇,即是生命的勇士。

——《静思语》第三集

泰雅族的美萍,三十九岁时失去了她的先生,当时两个女儿才读小学,一个女人要独自抚养两个孩子长大,还要经营一家民宿,需要多么大的勇气?幸而在偶然间,接触到证严上人的《静思语》,改变了她的生命。

美萍原本在百货公司担任专柜小姐,婚后洗尽铅华,回到新竹老家的梅嘎蒗部落。山里的生活并不容易,尤其当年力主回山上发展的丈夫又因病往生,美萍只好一肩承担起先生的遗愿,把所有积蓄投注在民宿上头。

造化弄人,民宿开幕不到一周,就惨遭龙王台风侵袭,交通全断,一年无法开业,这让她陷入了更深的困境,生活的压力让她几近崩溃,每天都跑到先生亲手种的大树下发泄情绪。

"不要小看自己,人有无限的可能。"这句静思语,改变了美萍的消极态度,让她决心重建民宿,一切从头开始。在和家人共同奋斗,整建房舍的同时,她也钻研泰雅传统美食,想办法利用山上的食材,重现道地的原住民风味餐。

辛苦地在风灾后重建生活的她,也致力加入慈济志工行列,成为尖石乡第一位慈济委员。她积极参与大爱妈妈,并在山地乡里推广《静思语》和环保回收等志业,希望族人懂得惜福感恩,以后有能力,也可以回馈社会、帮助社会。身上流着泰雅族血液的美萍说:"自己一直希望能带动族人,走向善的道路,但因为在部落里有信仰上的差异,一路走来阻碍很大。还好有家人的支持,及师姊们的爱护。"

回顾走过的风风雨雨,艰辛的过程历历在目,让她内心百感交集,有喜悦、有辛酸、有挫折,也有越过阻难的一丝满足!泪水在眼眶里打转,却一直强忍着的美萍,有着原住民坚毅的神情,她表示:"每当遇到挫折时,我都会想到自己的初发心,虽然总有人会冷眼旁观,看我会不会退转,但想到上人的话:'做,就对了!'我就能勇敢地走下去。"

在服务中,美萍体会到付出的快乐,重新找回了生命的力量,自立立人,真是很好的典范。

【从苦难中精进】

苦难是一堂宝贵的人生课程。

——《静思语》第三集

水泥师傅蔡师兄和一群慈济志工，一起到木栅的一处铁皮屋，帮一位照顾户张女士修缮漏水的小屋。

蔡师兄是水泥工的老手，修补房子对他来说，轻而易举；然而，心灵的修复，对他而言，却是一条非常漫长的路程。两年前，蔡师兄的儿子因为忧郁症自杀往生，他的妻子因为亲眼目睹孩子跳楼，受到惊吓而昏倒，不幸成为植物人，至今仍无法复原。一夕之间，儿子过世、妻子病倒在床上，蔡师兄所受到的打击，实在是太难承受了。

幸而许多慈济志工的关怀，支持他继续奋斗。他放下悲伤，帮太太做复健，不放弃任何机会，只希望有一天奇迹能够出现。同时，他也抽空担任志工，除了帮忙修缮房屋，也经常在慈济医院协助病人。就这样，蔡师兄在一点一滴的付出中，找到生活下去的勇气与力量。

　　受蔡师兄帮助修屋的张女士,曾经有过一段婚姻,还有一个儿子。因为夫妻离异,让她自怨自艾地度过许多年。后来更因为罹患尿毒症,寄人篱下,让她几度产生轻生的念头。直到三年前,慈济志工开始给予关怀,让张女士感受到前所未有的幸福,心境也慢慢转变。

　　平日,张女士会利用时间外出捡回收物,贴补家用,虽然收入不多,但是她还是想办法自立,照顾好自己。眼见八八水灾的伤痛,生活拮据的张女士甚至也发心捐钱,希望能为灾民尽一分心。

　　勇气,让张女士有继续前进的力量;而学习面对无常,对蔡师兄来说,更是一项重要的人生功课。在施与受之间,以大爱互相关怀,共度难关,肤慰彼此受伤的心,是个人重生的力量所在,也是人间最美善的时刻。

【把困厄当考验】

人生难免遭遇挫折,要经得起考验,才能保住慧命,突破难关。

——《静思语》第三集

台中的陈玉秀,人生起起落落,总是一波未平、一波又起。她的先生洗肾好几年了,儿子又有恶性脑瘤,自己曾出过好几次车祸……但是每次事情发生的时候,她都跟自己说:"要勇敢,不能跌倒了,就爬不起来。"她确实做到,一一挑起重担,乐观面对,更乐于分享自己的经验,鼓励很多在人生中遭遇磨难的人。

六年多来,陈玉秀像往常一样,每周三次,陪着先生去洗肾。每次洗肾都得花上四个小时,不但对先生来说是漫长的煎熬,陈玉秀更是心疼不已。

照顾洗肾病人必须特别细心,因为他们一有伤口就容易恶化,陈玉秀一路贴心地陪伴叮咛,多年来把先生照顾得很好;除了原本认命的个性之外,陈玉秀更从证严上人的话语中,获得了坚定的力量,让她对逆境充满感恩,也对先生多了一分温柔的扶持。

陈玉秀不久前发生了车祸,当时右手掌断裂,颈椎也断了两节,差点就要一辈子坐轮椅,右手至今还有些无力;但是她怀着感恩的心,不放弃任何做志工的机会,依旧和志工们到华穗护理之家,陪伴阿公、阿嬷,让他们感受一些人情的温暖。

尽管人生中遇到许多逆境,陈玉秀都不会轻易被击倒,反而把种种的困厄当作考验,激发出自己最大的生命力,一一克服。她说,现在最大的志愿,就是做志工,要做到晚年做不动为止;虽然自己的力量很小,但持续不断地发挥小我的心力。她期待,终有一天能够成就大爱。

【分秒不空过】

生命无价,会用才有价值,不会用则是白白浪费。

——《静思语》第三集

耀华从小就是个问题人物,从初中时期开始,他抽烟、喝酒、打架、混帮派,样样都来。别人上学,书包里装的是课本,他则是带着刀到学校去逞凶斗狠,让所有人都伤透脑筋。

走上社会后,他开始经营秀场、舞厅,游走于黑白两道。曾经,他一年的交际应酬费用就高达上千万,生活看似风光,但他却一点都不快乐,因为除了赚钱外,他完全不知道生活的意义究竟在哪里。

如今,经营楼层管理公司有成的耀华,做事一丝不苟,每个小细节都不放过。加入慈济的环保工作后,他从原本的嫌恶、排斥,转为全心投入,不仅思想观念改变了,个性也和以往截然不同。

这样的转变,令许多人难以置信。过去,他曾是个严格的老板,也是个锱铢必较的生意人,但眼前忙着关照各项细节的他,生活重心早已不放在事业上,反而认为现在的生活让他拥有了真正的单纯与快乐。

清菊曾是耀华的员工,这些年来,她看着老板的改变,除了惊讶,更有说不出的佩服,因为他常常为了环保工作忙到半夜,总要让志工不断提醒他该回家了。后来,他干脆把家搬到环保站附近,以便全心投入。这种心无旁骛的精神,和他早年经营事业时的糜烂茫然,简直判若两人。

这天下午两点,刚完成活动主持工作的耀华,忙到一个段落后,才能趁着影片播放的空档准备吃中餐。连吃饭都无法准时,更别说还有一整排的药,动都没动。他除了罹患糖尿病外,也曾因为心肌梗塞动过手术,但如果不说,几乎没人知道,他身上还有着数十公分长的手术伤口。

十年前开刀时,医生曾说他的生命只剩下十年时间,没想到刚好届满十年的当下,他却是愈做愈健康。医生的那句话,原本让他以为要和病魔展开生命的竞逐赛,如今才发现,十年并不是一个期限——因为下一个崭新的十年正要展开。

　　曾在鬼门关前走过一遭的经验,让耀华深深体悟到生命的可贵,把握当下,时刻行善,活出真正有价值的人生。

【离苦得福】

对的事,认真投入;远离不对的事,就能转苦为福。

——《静思语》第三集

张师兄是台南人,尽管手边的事又多又忙,他还是把孙子照顾得很好。他之所以将生活安排得如此紧凑、忙碌,丝毫不浪费时间,是因为在他过往的人生中,有整整三十年的时间都浪费在赌桌上。

满头白发的张师兄是一位快乐的工作者,从事排油烟机清洗和安装的工作已超过三十年,只要客户一通电话,他就会和太太开着小货车,不辞辛劳地到府服务。虽然年纪大了,这份工作也相当耗费体力,但张师兄并不想退休,因为工作是他们夫妻俩做慈济最好的桥梁。透过这份工作,张师兄夫妻认识了许多客户,这些客户后来也几乎都成为他们的会员。

忙完抽油烟机的拆洗工作后,张师兄随即忙起资源回收,因为拆洗抽油烟机时会产生一些资源回收品,所以张师兄夫妻俩完成工作时,一定会顺手做环保,载着满满的回收物,来到慈济归仁环保站。

每个星期四早上八点,张师兄和他的志工伙伴们,会开着环保车绕行台南归仁乡的大街小巷,沿街回收环保品。每到一个环保点,张师兄总是努力在货车上堆叠着,希望能将更多回收物载回环保站,认真、努力的表情令人动容。

加入慈济后,除了环保,大大小小的志工勤务,张师兄都义不容辞,一路走来不曾改变。问他为何如此拼命?他说,慈济拯救了他的人生。

成为志工,让张师兄有了新的人生目标,曾经浪荡荒唐的他,就这样无怨无悔地付出,仿佛想用后半辈子的时间,加倍补回那虚度的三十年。现在,他们一家人的生活多了温馨,少了不安与痛苦,夫妻俩更是同行菩萨道的最佳伴侣,也是相互提携的力量。

【爱与身教】

家庭是永久的学校,父母是终生的老师。

——《静思语》第三集

在陈师兄心中,慈济是修身养性的好道场。一回他参与志工服务,志愿在大厅里,以九十度鞠躬礼向来往的人说"您好"、"慢走"。虽然腰会酸、背会痛,但他却觉得,每次鞠躬就消了一分的业。他认为自己的业很多,而慈济就像他的照妖镜,把他的原形都照出来了。

有一次,他在家里召开慈诚队茶会,他的孩子和大家分享心得,把过去的他形容得像个暴君。以前他们不敢正眼看他,只要看到他出现,都要赶快"躲起来才不会中枪"。尤其他喝醉回家时,他们只要听到钥匙声就会假装睡着。然而,当时他不但不了解情况,还觉得自己很有威严。

陈师兄的加入慈济,是因为要陪双胞胎的孩子参加初中亲子营。当时太太对他说:"拜托你,为了孩子,你也一起去参加慈济的活动。"他在醉醺醺的情况下，莫名其妙地上了车。来到营队现场，听到一位教授说的话，让他大为感动："教育孩子没有什么伟大的理论，只有爱与身教。"那时他才明白，教育要从自己做起。陈师兄很庆幸，他及早体悟了这个道理，因为现在他的孩子都愿意和他沟通了。

另一次，他在加护病房服务，一位先生一来就穿上隔离衣走进病房。陈师兄顺口问："你上午怎么没来？"那位先生回答："我只是来看我爸爸死了没。"师兄一听愣住了："医院是救人的，你怎么说要来看你爸爸死了没？"那人忿忿地说："你不知道，我是受害者。我爸爸只要在家，不管有没有喝酒，都像暴君一样打人，我从小就是被他打大的。"陈师兄听了非常震撼，心想：幸好我及时进了慈济。

之前，陈师兄因为心肌梗塞送医急救。平安脱险后，他告诉自己："我的福报真大，如果没有进慈济，继续酗酒，相信在急救的那一天，可能也没人会理我，也许我儿子也和那位家属一样，只是来看看爸爸死了没有。"

加入慈济不但让陈师兄的生活更充实，也让他修补了与家人的关系。在慈济这条菩萨道上，他不只做得很欢喜，心灵上也充满感恩。

【体贴父母】

让父母欢喜、安心,就是孝顺。

——《静思语》第三集

章师兄在急诊观察室看到一位阿婆,她是由邻居送来就医的,但邻居家里有事,留下电话就先回去了。章师兄看阿婆眉头深锁,上前问她:"阿婆,你身体很不舒服吗?"两人聊了一下,他才知道,原来阿婆拿了一笔钱给唯一的女儿,协助女婿开公司,后来他们却把老母亲赶了出来,她只好回花莲借住朋友家。

看到阿婆哭得那么伤心,章师兄忍不住想起以前的自己。

进入慈济之前,章师兄不但做不到"慈济十戒",妈妈用"慈济四神汤——知足、感恩、善解、包容"对待他,他也总是让她伤心。那阵子,妈妈每天以泪洗面,母子两人的关系是"三句一小吵,五句一大吵,第六句就往房间跑"。为了逃避这样的生活,师兄还躲到中坜去,每天打电话回家给妈妈,靠电话来维系母子关系。

后来,他的公司移到国外,他又搬回家和妈妈同住。那时有位张师姊告诉妈妈:"孩子不乖,你更要祝福他。"因此妈妈开始每天为他祝福。

有一天师兄回家时,看到桌上有一大包药,大概有半个背包那么多。他愣住了,当场对佛陀发愿,不论多辛苦都没有关系,只希望妈妈能健健康康。

章师兄加入慈济的时间并不长,但"慈济十戒"的每一戒都能严格遵守。妈妈很欣慰地说:"慈济的好,可以在我儿子身上看得到,是慈济让我找回儿子。"现在,师兄每天下班回家后,第一件事就是陪妈妈吃饭、聊天。

有一天,师兄看到大爱电视台的"大爱亲子鸟",当场就哭了。因为妈妈就像那只母鸟一样伟大,每次回来都会想到带东西给他吃,但是爬上楼后,由于两脚酸痛,总要先坐下来休息个十分钟。一想到这里,师兄就觉得难过,他希望能为妈妈做一些事。他的妈妈虽然身体不好,最大的心愿是能受证成为慈济委员,所以他决定要帮妈妈劝募,还对妈妈说:"上人说过,有愿就有力。"

章师兄在急诊室里和阿婆分享了自己的故事,并告诉阿婆:"慈济改变了我,也感化了我。现在我们正在推动'爱洒人间',总有一天会洒到你女儿身上,我相信你女儿会像我一样改变,我诚心地为你们祝福。"

阿婆听完后,眉头不再深锁,因为章师兄的故事肤慰了她,更为她带来了希望。

【成就大业】

随分随力,涓滴爱心可累积成就大业。

——《静思语》第三集

林医师任职于麻醉科,有一回去支援慈济关山分院,晚上就在医院的宿舍休息。早上醒来,窗外吹来一阵微风,他闻到稻穗清新的香味和泥土的芬芳,不由得回忆起童年时光。小时候,爸爸妈妈还没下班时,奶奶会抱着他到园子里,稻穗的香味让他内心觉得很满足。现在,这股熟悉的气味仍为他带来无比的快乐。

证严上人曾说:"富有不一定是幸福,富有也不一定是快乐。"林医师觉得乡间的生活让人心旷神怡,所以有一次特地带女儿及太太到关山附近看油菜花田,清风徐徐,油菜花迎风摇曳,仿佛在点头微笑,迎接佳宾。

他对太太说:"我有一种感觉——油菜花就像我们医院里的师兄、师姊。他们在医院里穿着黄背心,那颜色就像油菜花的颜色。他们在你身边时,永远都面露微笑,感觉就像油菜花的清香。师兄、师姊在这片心田里殷勤地灌溉,认真地付出,肥沃了慈济这块福田,也丰富了自己的心地,就像油菜花一样动人啊!"

林医师对关山分院还有一种很特殊的感受,它让他体悟到"价值"的定义。他说,如果手中有一百元,这一百元对有些人可能没有多大价值,但对其他的人可能就很重要,差别就在于这一百元的使用是否得当。关山分院虽小,只有两间开刀房,在其他大都会可能很不起眼,但在关山却能显出无上的价值,因为有了关山分院后,关山人的健康就有了保障。

曾经有一位病人因为肚子剧痛而来到医院,他约有一百公斤重,身体非常脏,牙齿都是黑的,还打着赤脚,连脚趾甲都是黑的。因为病人的情况很危急,必须通知家属。林医师走出开刀房时,看到病患的太太还很年轻,两手各牵着一个小孩,背上还背了一个,这情景让林医师的心情有说不出的沉重。他告诉那位太太:"你先生的病情很不乐观,但是我们会尽力抢救。"

林医师后来再回头看她时,看到她坐在开刀房外,把背后的小孩抱到身前,拉开衣服开始喂孩子吃奶,接着眼泪就流下来了。林医师心里想：此时自己唯一能做的，就是尽全力医治病人。

他说："关山分院虽只是一家小医院，但它在这偏远的小镇上却有着无可衡量的实际价值。其实，富有不一定快乐，只要我们懂得把人生价值用对地方，把生命价值发挥到极致，相信我们的心灵就会得到快乐。"

【没有过不去的事】

所谓"难过",并非时间漫长难度,而是心念卡住过不去。

——《静思语》第三集

一位三十多岁的男子,在静思堂附近的草坪喝农药自杀,幸好志工及时发现,将他送到医院急诊室,可是男子却拒绝就医,不愿意洗胃,也不愿打点滴。他说:"我又不想来,是你们硬把我送来的。"当场还签了拒绝就医证明。

张师兄和其他志工一起劝他:"你这样让人看了很不忍心,而且你的身体还很虚弱,还是打个点滴比较好。"然后半强迫地帮他脱掉鞋子,又不断加以安抚,那位先生的情绪才慢慢缓和下来,也总算愿意和医师配合。

急诊室请了身心医学科医师前来会诊,得知他原本在台北摆地摊,受SARS影响,生意不好,又因为卖的是仿冒品,全遭警察没收,变得一无所有。他想起几年前曾借给朋友三四万元,所以到花莲来,想找这位朋友,但没找到人,觉得自己好像穷途末路,愈想愈难过。无意中来到静思堂旁,一时想不开就喝农药,企图自杀。不过就在他喝下第一口时,忽然想起家里三岁的孩子,立刻又吐了出来,因为身上也带了一瓶饮料,赶紧用饮料漱口,所以中毒的情况并不严重。

在留置观察处休息时,几位师姊前来帮忙开导,还送他一本《静思语》,他翻开看到的第一条就是:"天堂和地狱都是由心及行为所造作,不要怕天堂与地狱,要怕的是心的偏向。"他顿时流下了眼泪,说:"这真是说中了我的心。"

他告诉志工,自己很感恩,本来不认识慈济,却因一时想不开而认识慈济,希望自己将来也能好好回馈社会。一直陪伴他的张师兄说:"能让一个三小时前还在地狱里的人豁然开朗,很快走出阴霾,医疗团队及志工也很感恩、很满足。"

【快乐的真谛】

没有苦,就无法体悟乐的真谛,重要的是如何转苦为乐。

——《静思语》第三集

小贞是一位年轻漂亮的美发师,五年前不幸遭遇车祸,造成下半身瘫痪。然而,在许多前往关怀她的志工心中,她比一般人更健康,因为她拥有乐观的心态,时时将证严上人"尊重生命,爱惜自己,保护他人"的开示谨记在心。

回首过去,小贞说,意外刚发生时,的确也曾有过轻生的念头,但经过志工持续地陪伴与关怀,她慢慢改变了心境。更重要的是:对长期卧床的病人来说,大爱电视台提供了良善的好节目,滋润了她的心,让她的想法也随之慢慢净化了。

小贞的房间非常小,只有两三坪*,志工因而称她

---

* 坪:面积单位,一坪约合三点三平方米。——编者注

为"斗室里的莲花"。她的确像一朵盛开的莲花,在困顿的遭遇下,还如此开朗乐观,带给志工非常大的启发——他们不免思索,究竟是谁在教育谁?谁在关怀谁?谁是感恩户?一位师姊说,其实志工也是受惠者。

小贞把自己的三个愿望告诉师姊:第一是和上人合照,第二是做环保志工,第三是成为慈济委员。小贞虽然行动不便,但她的心志感动了邻居,许多人都亲自把资源回收物集中到她那儿,因此,她早已开始实践第二个愿望了。至于其他两个愿望,志工们都给予莫大的祝福,祈愿她早日完成心愿。

常去关怀小贞的一位师姊,分享了她心中的感触:"大众传播媒体的影响力无远弗届,电视机本身不会说话,可是在人的操作下,如果能传播好节目,启发爱心和道心,它又何尝不是载道器?只要能善用,人事物都能变成载道器。就如同小贞一样,她的心确实比我还健康,我在她身上学到很多。"

【洗净心地】

忏悔就是洗心，如清泉流过心田，洗净染污的心地。

——《静思语》第三集

　　台中市绿园道上，"阿邦素食店"的招牌正式挂起。三十出头的大厨于建邦，身穿深灰色中式唐衫，笑脸迎人。很难想象，每天在不到三坪的酷热厨房里挥汗工作，却时时带着自在笑容的他，过去曾因吸毒，多次进出监狱。

　　"一个家有人吸毒，整个家庭都完了。能真正戒掉毒瘾，环境和朋友非常重要。"于建邦说，"这要归功于张师兄，特别是他曾邀我去参加一场助念。当时我跟着念诵佛号，远远望着往生者年轻的脸庞，心头一震：'幸好躺在那里的不是我！'走出医院，心里猛念佛，也开始认真思考不能再走回头路……"

　　回首来时路，尽管于建邦多次进出勒戒所，总是因为意志不坚没能成功，但妈妈和太太对他却从不放弃。

有一天,大爱电视台播出《张添福的故事》,郑美足看到张师兄曾经吸毒、贩毒,却能改过自新,并协助其他毒虫回头,她想:"儿子有救了!"立刻带着儿子来到台中分会。

"初见张师兄时,母亲那种喜极而泣的表情,至今还深印在我的脑海。"于建邦说,"但那时我跟妈妈来台中,身上还是藏了针筒、毒品。"

后来,在姊姊的鼓励下,他再度进了勒戒所。此时用心良苦的妈妈又盘算着,勒戒出院必须要有慈济师兄姊的陪伴,尤其需要张添福师兄的辅导,才能让建邦真正远离毒品,所以她就在台中租了房子。原本于建邦不愿住在人生地不熟的台中,但为了不辜负母亲的心意,便同意了,同时也加入环保工作。

"投入环保,让我体会知福惜福。虽然将一包包回收物搬上车很辛苦,汗如雨下,但身上的毒也渐渐排除了。"一个多月后,于建邦终于戒除毒瘾,同时在张添福鼓励下学习餐饮,随后在众人帮忙下开了一家素食餐厅。

现在的他,不但认真工作,更成为孩子心目中"全世界最好的爸爸"。他说:"以前因为吸毒的关系,对孩子不是骂就是打,现在想来真是惭愧。"

谈到父亲,大块头的于建邦流下了男儿泪。他说,能支撑自己走过戒毒之苦的另一个原因,就是父亲。有一次他向家人要钱买毒品:"当时神智恍惚,在拿不到钱的情况下,拿起菜刀把左手食指剁下了一截。家人将我送医接指缝合,等麻药退去、清醒过来后,我发觉父亲陪了我一夜……虽然我做了很多坏事,但爸爸很少对我说重话,但那一次,却比骂我还让我难受。我在心中再次呐喊:'我一定要戒毒'。"

过去于建邦依赖父母,现在靠自己的劳力赚钱养家,虽然一个月只休两天,平常工作时间又长又累,收入也不多,但生活稳定踏实。他说:"现在的我,正大光明、心安理得,这是人生最大的转变。"

祥和无争

【安贫乐道】

人生富足之道,不在于物质,而在于自心。

——《静思语》第三集

四十余岁的郑英杰,二十年前在天祥发生了车祸,由于伤及颈椎,不幸终身瘫痪。他的父母亲不放弃,无微不至地照顾郑英杰,多年来,天天都不间断地,几乎每隔两小时就为儿子翻身、按摩、清洁,因而长期卧床的郑英杰不但肢体萎缩的程度极小,更从不曾出现过褥疮。双亲这样细心而长久的照顾,让医院的工作人员都深深敬佩又感动。

然而,岁月不饶人,郑英杰的父亲已八十五岁,母亲也迈入八十大关,两老最后只好把郑英杰送到残障中心,但母亲还是天天骑好长一段路的脚踏车,去为儿子做复健。

这一家人的经济情况其实很拮据,郑英杰的父亲曾在庙里当庙公,但年纪渐老,被迫去职,只好做资源回收,勉强贴补家用。尽管如此,他却愿意在慈济师姊的安排下,天天抽空到慈济医院的"轻安居"里,为老人们弹弹唱唱。老人家都很喜欢他,无师自通的他,偶尔会弹错几个音,他也只是笑笑说:"没关系,大家快乐就好!"

当慈济的师姊们问起他们的经济情况时,郑英杰的父母亲从不愿意诉苦,或麻烦别人,总是腼腆地说:"生活尽量节省一点,还是吃得饱。"最后还是在慈济师姊的主动评估下,才勉强接受补助。

两位老人家依旧能付出就付出,除了继续细心地照顾儿子,还拨空当慈济志工,天天勤奋度日,不怨天,也不尤人,而且愈做愈欢喜。

证严上人知道了这个故事,特别开示大家:"这是多温馨的故事!这段亲子的感情很感人,父母多年来无微不至地照顾卧床的儿子,确实很不简单。他们为了儿子花尽积蓄,还能坚强地面对生活,不轻易开口要求帮助,这是安贫乐道的最佳写照,也是亲情最富足的一家人。"

【发挥生命的力量】

要活得健康，重要的是心理健康，人生才会幸福。

——《静思语》第三集

洁白鹭鸶群飞在厦门，"鹭岛"美名不虚传。连续四年冬令时分，来到这个与台湾文化、语言相似的城市，慈济志工感受到乡亲的真诚谢意，也看到乡亲帮忙乡亲、为善最乐的身影，写下这一季美丽风景。

滑动着三轮车，贤哥来到海沧文化艺术中心。今天慈济在这儿举办冬令发放，他与阿嬷是现场上千位受助者之一。

贤哥出生即患有脑性麻痹，妈妈难以接受，由阿嬷辛苦抚养他长大。虽然拥有长辈的关爱，贤哥十九岁那年，仍想不开而投井自杀，所幸获救。"后来，我从收音机听到，欢喜是一天，难过也是一天，所以决定欢欢喜喜过每一天。"贤哥深有所悟地说。

收听台湾的广播节目，让贤哥的心情慢慢转变，笑容也增多了。虽然手脚萎缩难以施力,他还是努力地以双手夹着拖把,帮忙扫地、拖地、整理家务;并且每天陪着阿嬷,捡拾回收物。

母亲患有糖尿病、弟弟智能障碍,贤哥家中的生活环境实在不好。但在发放现场,他听到慈济志工分享"竹筒岁月"故事,即刻慷慨捐献。他向阿嬷说:"可惜身边只有一元,不然可以多投一些钱、多帮一些人。"

这一天,贤哥不只领回白米、油、毛巾、牙刷、袜子、棉质卫生衣裤,也领了一个竹筒扑满,要延续存钱助人的欢喜之情。只要发挥生命的力量,再困苦艰难的境遇,也不能夺走人心的喜乐。

【以爱走出伤痛】

虽然人生充满苦难与悲痛，但是也充满希望与爱。

——《静思语》第三集

在马来西亚的槟城，某个慈济义卖会现场，有个十岁的男孩小铭走遍全场，分赠静思语书签，他的母亲林师姊也一直站在摊位上帮忙。原来，其中有个动人而感伤的故事。

小铭的姊姊妮妮是个十分有爱心的女孩，几年前，突然被诊断出罹患了急性淋巴血癌。治疗养病期间，她在一个月内就折了四百多只写着静思语的纸鹤，更戴着口罩，在大山脚慈济义卖会现场，将纸鹤一一送给现场的民众与志工，希望人人将静思语和欢喜带回家。

但很不幸地，义卖会六个月后，妮妮终究不敌病魔，离开了人世。她的母亲林师姊因为丈夫和女儿在四个月内相继往生，悲痛万分。此外，家中的经济负担，以及抚育小铭长大的责任，都让林师姊非常烦恼，竟因此得了忧郁症。

或许因为姊姊的早逝，以及母亲的状况，让小铭比一般孩子都要早熟。进入慈济人文学校之后，原本爱哭闹、不做作业的他，如今连母亲买的参考书和课外习题，都会自动自发完成；不仅如此，还懂得帮忙做家务，比从前更有礼貌，还会主动问候别人。

多年前在一次岁末发放活动中，林师姊曾抽到一句静思语："前脚走，后脚放。"原本不了解其中涵义，后来面对亲人往生的无常变化，她才有所体悟：既然缘分到此，就该放下……在慈济志工长期的陪伴与关怀之下，林师姊终于渐渐走出悲伤和阴霾，迎向开朗和光明。

过去他们一家人受到慈济人的关怀和照顾，如今发心付出，母子俩坚持行善的精神，其实也是延续着妮妮往生前行善助人的遗愿……

有爱的人最幸福，生命无常，然而把握当下，为人群付出，往往可以忘却个人的悲伤困顿，拥有丰足的人生。

【人生的方向】

拥有正确的人生观,才能拥有幸福的人生。

——《静思语》第三集

人难免犯错,只要肯改过,仍能开创亮丽的人生。

曾经有位年轻人,年少时因懵懂好玩,分不清是非,迷失了自己。父亲对他管教十分严厉,却不得要领,反而让年轻人对父亲怀恨在心。

后来这位年轻人加入帮派,闹事犯案而入狱;服刑期间,他并未自省思过,反而认为都是别人对不起他,恨父亲不关心他、不爱他,怨社会不公平。他在狱中生了一场大病,面对生死关头,仍未见觉醒,还向狱方说:"赶快救我,我要报仇,我不想死!"

他心心念念要报仇的第一个对象,竟然就是父亲。

等到他刑期届满将出狱,父亲忐忑不安,甚至想移民国外;幸好年轻人的继母经常接触慈济,将好话、好事融入心中,她不断地鼓励先生:"逃避不是办法,逃避自己的孩子更不应该,我们必须面对现实。"

于是他们选择用爱面对孩子。年轻人获释后,时常向父亲要钱,甚至辱骂他;但父亲努力放下身段,不断为自己过去没有用心教导,因而让儿子误入歧途,表达真切的愧疚;并且诚恳地对儿子说:"师父说的,人生要真诚地付出。"

父亲持续用至诚的心付出,渐渐地,终于让孩子体会父母的苦心,决定改头换面;过去犯的错虽然就像身上的刺青一样,仍然留有痕迹,但他相信只要坚定心志,心地的污垢必定能够清除殆尽。

这个年轻人从转变自己的形象与态度做起,以诚恳的心待人,并且用心经营生意,从路边摊做到开店,再发展到连锁事业。功成名就之后,他一直做好事回馈社会,每逢义卖,都很发心地付出。

而今步入中年的他,深有所感地说:"每个人都想要做人,不愿做鬼;做好人的感觉,真好!"

在日常生活中,倘若心生好勇斗狠的意念,应该赶紧将这股戾气转化为勇猛精进的毅力;若能如此,就不易枉走岔路,而能发挥生命的良能,拥有美好人生。

【一切唯心造】

心平,路就平;心宽,路就宽。

——《静思语》第三集

二十八岁时,淑静因视网膜病变,视力日渐模糊;三十六岁时,双眼全盲,她心情大受打击,因而罹患了忧郁症,自我封闭了十多年。直到她偶然转到大爱电视台,"听"到"大爱剧场"游陈师姊的故事,心中深有所悟,不再对先生埋怨猜忌,甚至主动打电话到慈济分会,表达当环保志工的意愿。

初始,淑静饱受煎熬,但还是耐心摸索着诀窍,慢慢学会敲开录影带的塑胶壳、拆卸其中的螺丝,这对双眼失明的她谈何容易?当时曾经一个小时仍拆不了一颗螺丝;到现在,淑静手巧心明,已能全凭手的触感,快速拆下螺丝。淑静说,秘诀就在"心要静",用安静的心代替失去的视力。

有一回,证严上人在访视环保站时,刚巧看到淑静拿起废弃的羽毛球拍拆解,她一边摸,一边告诉上人说，里面有木头、钢丝、塑胶，还有小螺丝。上人好奇地拿来一瞧，确实如她所说，不但有木料，连微小的螺丝她都摸得到，更令人惊诧的是，眼盲的淑静竟能用电钻取出螺丝。

上人关心地问她："这么小的螺丝，在用电钻取出的过程中，不会伤到手吗？"淑静表示，刚开始的确常常被电钻伤到，也曾做到手破皮、流血，"但就是要多用心；我拼的不是业绩，而是在拼自己的心能有多静。"

三年多的志工工作，让淑静慢慢从付出中找回自信，配合药物治疗，忧郁症逐渐好转；而且，淑静不只做资源回收，更一边关怀其他身受病苦的志工，乐于与大家分享自身经验。

"贪瞋痴慢疑"是五种障碍众生的烦恼。上人曾说："心明，境界就明。把胡乱猜疑之心磨光，使心镜清净无染，智慧因而明朗，就能走出自怨自艾的人生，时时自度度人。"

淑静过去因为容易疑心，不但自己辛苦，和她相处的人也很辛苦；现在心正念纯，则天宽地阔了。

【美的生命乐章】

福从做中得欢喜，慧从善解得自在。

——《静思语》第三集

八年前，章贤美生下第三个孩子，为了全心照顾早产的女儿，忽略自己的身体状况，直到一次大出血紧急送医，才知道她罹患子宫颈癌第三期。

住院期间，隔壁床的病人向她介绍慈济，她便买了两本《静思小语》随身携带，每次从新竹到台北做化疗时，车程就是她静心阅读的时间。

曾被称为"武则天妈妈"的章贤美，孩子们对她总是望而生畏。看着书上的智慧语句，她心中有所质疑："证严上人说：'甘愿做、欢喜受'。这对我来说是不可能的！每天做家事很累，怎么会甘愿？天天为孩子担心，怎么会欢喜？"

病后只剩下三十二公斤，章贤美瘦弱到无法做家事，也很久不能去菜市场。一天，她难得出门到市场走走,就在新庄子菜市场旁,看见慈济委员杨师姊开设的杂货店,门口贴了一张"人间菩萨招生"海报,吸引她的目光。

经过杨师姊说明,章贤美心想:"或许我也可以做环保,顺便了解慈济。"于是她开始到慈济环保站报到。做了一个多月,原本极少排汗的身体,劳动后竟开始流汗,这让她与家人雀跃不已,也更坚定当志工的决心。

杨师姊鼓励章贤美跨出环保站,去接触不同领域的志工服务。她于是开始投入"大爱妈妈"行列,展开一段"心"的体验。

"原来,爱孩子是需要智慧的!"这是章贤美参与后的体会。尽管过去对孩子严格管教,却也十分宠爱,例如:她为孩子准备葡萄和柳丁,一定去皮、去籽、切小块;洗澡前会帮忙把衣服搭配好,还会帮孩子整理书桌和书包。

"现在我才知道,原来自己剥夺了孩子的学习机会。"章贤美接触《静思语》教学后,不再用命令的口气指责孩子,改用温柔话语来沟通;即使深受病痛之苦,仍坚持每周花三天到学校讲故事。

但慈济故事对章贤美而言,是个全新的学习,刚开始她常无法生动表达,班上孩子们也兴趣缺缺,这让个性好强的她一度很灰心。

"该如何把故事讲得生动有趣?"左思右想,她决定藉由道具辅助,并先讲给自己的孩子听,看他们的反应做调整;慢慢地渐能掌握诀窍,抓住孩子们的目光。如今走在街上,常有学生过来喊她一声"章老师",让她欢喜好久,因为这是她以"妈妈心"爱别人小孩的成果。

"我不知道自己还能活多久,但是我常鼓励自己:把握当下,做该做的事就对了!"章贤美感到,自己的生命因为真心的付出而更有意义。

【心宽念纯】

心宽,不伤人;念纯,不伤己。

——《静思语》第三集

　　九岁的小维和同学某天走在路上时,不幸被一辆计程车撞伤了,两个小朋友的伤势都相当严重,小维甚至昏迷不醒。小维的妈妈看见儿子全身插满管子、躺在加护病房里,内心真是非常不舍。

　　小维的老师多次带同学前去探视,并不断轻声用《静思语》里的好话,鼓励他要赶快好起来。后来小维终于醒过来,他对妈妈说:"师公有来看我,他摸我的头,说我会好起来。"他的妈妈好感动,因此坚定要行菩萨道,如今她已成为慈济人。

　　在小维伤势慢慢恢复的期间,另一位受伤孩子的家长不断来找小维的妈妈,商量如何控告肇事者;小维的妈妈内心非常挣扎,她明白证严上人的教诲,要大家多原谅别人,可是儿子实在伤得太严重,若不追究,担心肇事者不知悔悟,后来又轻忽撞伤人。

当小维转到普通病房后,肇事者前来探望,小维的妈妈只是静默着,远远坐在一旁。肇事者不安地道歉说:"小朋友,你要原谅伯伯。伯伯不是故意的,请你原谅我。"

没想到,受了这么多磨难的小维竟能平静地回答:"我会原谅您,因为老师教我们'原谅别人,就是善待自己'。您以后要睡饱一点,开车才不会撞到人。"

小维的那分纯真,不只宽恕了肇事者,还叮咛他要睡饱,不要再开车伤到无辜的人。肇事者心里非常惭愧,周遭的人也都感动莫名,大家从孩子身上学到非常宝贵的一课。这的确是"心宽念纯"的最佳示现,小维的妈妈感受到孩子的大悲心,所以决定不提告诉。

小维能够战胜仇怨,他的心地真是一片清净光明。我们若能超越自己心中的障碍,也可以像小维一样,开阔而慈悲地走过人世的种种艰难。

【护持己心】

心若照顾得好,人生就快乐;反之,则苦难偏多。

——《静思语》第三集

　　台南县北门乡,渔塭随处可见,是村民赖以为生的经济。大山自小在这个滨海乡镇的晒盐场长大,不擅言辞的他,有个说话爽利、不怒自威的太太秋婉。两人婚后无法沟通,日子在吵闹中度过,有时也陷入冷战。十多年前一场车祸,秋婉幸运捡回性命,却更加深了夫妻的嫌隙。

　　由于伤口愈合不佳,秋婉经历了三次腿部手术,出院后终日抑郁,一度割腕自杀,幸好患自闭症的女儿见状适时求救,才没酿成不幸。对先生失望透顶的秋婉,在妹妹和慈济委员黄师姊的邀约下,到花莲静思精舍参访。此行让她对慈济既敬佩又向往,打起精神告诉自己:"我要听上人的话,先改变自己!"

　　夫妻关系的改变需要时间,秋婉不急于一时。她在静思精舍发了一个大愿："穿上委员旗袍、绣花鞋的那一天,我的脚就要能走!"她从环保志工做起,以行善代替祈求,每天拄着拐杖外出捡纸箱、罐子,艰辛地将纸箱绑好拖回家,或以迷你脚踏车载送。车祸后,医师曾认为秋婉可能得终身依赖拐杖;然而,做了两个月环保后,她竟能不靠拐杖走路了!虽然两脚长短不一,但她庆幸能腾出双手做事。

为了让村民对环保有概念,仅小学学历的秋婉请志工帮忙写传单,抱着"憨牛犁田"的傻劲,希望带动村民参与。大山几次下班都不见太太人影,加上儿子暑假也到慈济当志工,"慈济到底在做什么?"他非得弄清楚不可。

亲到花莲,大山深受感动:"上人能做,我一个男人为什么不能做?"之后在路上看见太太拖不动瓶瓶罐罐,便主动帮她的忙,也开始做资源回收。

一九九五年,大山夫妇同时受证为慈济委员,之后他又受证为慈诚队员,同时戒掉多年来的烟瘾及赌习。怨偶成为同行菩萨道的佳偶,秋婉既感慨又感恩:"如果我们夫妻没有走进慈济,早就离婚,甚至家破人亡了吧!"

夫妻做环保,秋婉的一双长短脚走路愈见平稳。从前,工作之余老是沉迷于赌博的大山,更有如天壤之别,现在的他不怕做事,更不怕辛苦,是位"使命必达"的志工,大家都非常肯定他。

值得一提的还有环保站另一位得力助手——他们的女儿欣娟。欣娟自小患有自闭症,秋婉参与慈济后,常带女儿出门做志工,尽管欣娟只有初中毕业,且有学习障碍,向会员收善款、发收据时,却能处理得有条不紊,无形中也培养出社交应对的能力和勇气。

就在付出大爱中,大山一家人真正走出了不一样的开放人生。

【能舍才能得】

烦恼起于名利竞争,快乐来自及时行善。

——《静思语》第三集

许多师姊来自富裕家庭,她们接触慈济之前,每天的生活不外逛精品店、打麻将、跳舞,或者和朋友唱卡拉OK,日子虽然清闲,但却缺乏目标。

有位委员说,以往一早起来打开衣橱,总觉得少一件衣服,于是就会上精品店或百货公司。衣服买回来后只穿了一次,隔天再打开衣橱,还是少一件,每天都觉得缺一件衣服。如今她却发现,拥有一件衣服就够满足、够快乐了,那就是"柔和忍辱衣"——慈济委员的制服。她说,这件衣服最漂亮,无论何时何地,穿着这件衣服就感到无比温馨。

她过去经常参加应酬,与其他太太见面时,伸出金光闪闪的手互握寒暄的刹那,往往会暗自较量。如果戒指比别人的小,回家后就会对先生说:"你好像没有面子喔,因为我的首饰被'拼'过去了。"先生为了面子,只好再去找更大的。等东西买回来,她高兴没多久,又觉得这些贵重物品放在家中不安全,只好存放在银行的保险箱里。

上人曾告诉她:"钻石如同石头,金子如同铁,戴首饰其实是挂满了一身的石头及破铜烂铁,不见得好看,不时还得担心被偷、被抢。只是为了让别人欣赏、羡慕而已,实在是太傻了!"

"那该怎么办?"

"学聪明一点,去欣赏别人,把负担让给别人。"

她觉得很有道理,和先生商量后,决定把保险箱里的"烦恼"拿出来,交给上人。上人把那些"烦恼"打开,里面是一大包钻石、翡翠和玛瑙等玉石,她告诉上人:"我们需要的是砖头,但这些金块、石头放在保险箱里还必须缴保险费,如果能让这些金块变成砖块,使医院早日落成,才能真正发挥它们的功能。"

这位委员心态的转变,让原本只是陪衬外表的装饰品,变成了拔除众生病苦的砖瓦。行善付出、耕种福田,往往就发自于这样一瞬之间的转念。

【简单就是幸福】

奉献付出后的心灵享受,就是净土。

——《静思语》第三集

汐止传统市场里,人来人往、热闹嘈杂。廖义同在店里聚精会神地裁缝牛仔裤,廖太太一边在长桌上熨烫衣服,一边说:"我比较费工夫,衣服改好了,还要再烫一下。"

廖义同夫妇为人修改衣服已有十多年,近几年生意相当清淡,幸好儿女事业有成,夫妻俩恬适淡泊,逍遥自在:"今天如果没有收入,我们就吃泡面,有收入就吃自助餐。"果然,简单就是幸福。

刘义同原本在印刷厂工作,一九八七年因为肾结石,经慈济人介绍到花莲慈济医院手术,因缘际会下阅读了《慈济》月刊,体会了证严上人的大爱精神,心中暗许:"我一定要皈依这位师父。"

一九九六年,他受证为慈诚队员,心里期待妻子也能同行慈济路,于是拿了劝募本回家。廖太太因为只读过一年小学,不会写字,每次都得麻烦先生或孩子帮忙记账,过了好几个月仍只有五户的会员。久而久之,家人也失去耐性,懒得帮她记账,让廖太太泄气极了,决定靠自己。

就这样,将近六十岁的廖太太再度踏向上学之路,从小学课程开始努力,一路读到了高二,七个半的寒暑,风雨无阻,从不倦怠。直到几年前因为先生中风而停学。不过,廖太太并不因此而觉得遗憾,因为夫妻一路相伴数十年,未来更要相守相惜。所幸先生中风时,家人把握黄金时间送医,急救得宜,先生复原得很快,只有右手机能稍微不顺。目前借助修改衣服做复健,几乎已痊愈了。

回想当初廖义同偷偷学裁缝的情形,廖太太说,自己吃过做学徒的苦,所以并不希望先生和自己走同样的路。尽管先生在手术后静养时,一心想学这门工夫来帮忙家计,廖太太仍坚持不教他。

不过廖义同有心,加上又有兴趣,凭着敏锐的眼力,偷偷看太太怎么拆补、修改,然后自己慢慢动手做,终于学得一技之长,"妇唱夫随",牵手为家庭一起打拼。

　　廖太太十分投入环保工作,总是就地利之便,在市场下市午休时间四处捡拾回收物,往往忙到两点多才能吃午餐。看在廖义同眼里,心中自是不舍,但是"做环保是太太喜欢的,喜欢,我就配合她,不然她一个人很累!"夫妻相知相惜,同道同志愿,自是累世修得的福德良缘。

【把握今生】

人生只有使用权，没有所有权。

——《静思语》第三集

　　美淑做成衣已四十余年，有一双缝纫的巧手。先生务农，个性老实，为人温和体贴，有空会帮忙缝纫，夫妻感情和睦，家庭美满幸福。

　　然而，天有不测风云。美淑罹患子宫颈癌，因为癌细胞扩散，医师无意摘除肿瘤，后来在先生的坚持下，做了切除手术，历时十二个小时。后来癌细胞入侵淋巴腺，阻塞输尿管，造成肾脏积水，美淑再次入院治疗。第三次开刀，癌细胞已扩散至喉咙。美淑说："好像人家掐着我的喉咙，掐得好紧，一口水在嘴里，一点一点慢慢吞，要吞四五次才能吞下去。"

　　旁人听了感到不舍，她却说："比我可怜的人还很多，有的喉咙割一个洞，泡沫一直流出来，有的挖掉了牙齿。我只有电疗的痛苦而已，我想说这算什么，勇敢一点。"所以她不再害怕，反而对先生心怀感恩。

"最辛苦的是我先生,他一路在身边陪伴。反而我比较乐观,他比较担心;我常笑说,我自己都不怕死了,你怎么那么怕我死。"人生最苦爱别离,岂有夫妻不畏惧?美淑心里当然明白。

　　多次开刀后,美淑双脚只能跛行,有一次不慎跌倒,在家休养了一年多,无法工作,情绪十分低落。几年前,亲友带她到慈济环保站,她看到有人捡报纸,有人拆螺丝;车子载回来的回收物,一袋又一袋,有的还流出汗水,但大家都不怕脏,令她十分感动。回家后,她用零碎布做围兜、袖套,让大家不会弄脏衣裳,甚至为师姊裁制防晒短衣。她没有到环保站做分类的日子,就在家中裁缝这些结缘品。

　　二〇〇七年,无常第四度来找美淑——她得了大肠癌。住院开刀时,她向一位师姊表明心意:"我想做慈济人,可是我想这次我可能没办法了。能否先给我一张环保志工证,万一走了的话,我要戴在身上。"师姊深受感动,圆满了她的心愿。

　　出院后,先生要她休息,但她坚持要做环保回收:"我只怕不能做。像这样赶快一直做,我心情就很好,你不要担心我。趁我还有人生使用权,我要赶快用,不然会没得用了。"面对生死关头的美淑,手上一边忙着做分类,一边更以灿烂的笑容告诉大家:"我跟对师父了,今生没做够,来生还要再来做。"

【活出智慧人生】
人人起一念清净心,合力能化秽土为净土。

——《静思语》第三集

近午时分,清贤师兄在环保站的厨房熟练地为丝瓜去皮、切片,然后下锅炒了起来。他喜孜孜地说:"来做慈济还学会煮饭,常来这边煮给别人吃。"用餐时,他忍不住逢人就问:"好吃吗?""好吃。"答案总让他喜上眉梢。

午后一阵骤雨,清贤师兄戴着大斗笠,在环保站巡头看尾,任雨水淋湿了衣裳;放晴后,又看到他忙着修剪花木。他的身影在环保站里来去穿梭,因此有了"站长"的封号。

清贤原本是一家工厂的主管,因为业务关系经常出入娱乐场所,交际应酬,甚至签赌"大家乐",花钱如流水。身为慈济人的女儿爱宁,十分心疼父亲的荒唐岁月,在行善行孝不能等的心念下,决定渡父亲走入慈济之门。

起先,她和慈济的师姊约父亲早上做完运动后到环保场来,但遭父亲一口回绝。后来她又请已是环保志工的父亲同事再提出邀约,结果他爽约了三次。最后,爱宁干脆亲自带着父亲前来,一开始每次只做半小时,再逐渐拉长时间。

过了一段时日,清贤师兄渐渐做出了兴味,也开始收看大爱电视台,听证严上人开示。"我听上人说,做就对了,我就一直给它做下去了。"现在,他和太太早上出门做运动时,手上还多了夹子和袋子,沿路捡拾回收物,虽然有点儿辛苦,两老倒也做得开心,情感也日渐甜蜜。"做了慈济后,他脾气改得比较好。"这是太太感受到的幸福。

提起以前的挥霍,清贤师兄坦然面对:"自从进了环保站,可以说我赚钱了。没出去花钱,就等于赚钱了。"如今,慈济已成为他心灵的依靠,每天出门前,一定在上人的法相前说:"上人,我要去环保站上班了,感恩上人!"然后带着微笑出门。

在菩萨道上,清贤一家人身体力行,尽自己的本分,活出智慧的人生。

【转念】

乐观与悲观是一体，只要心念一转，也能将悲观转成乐观。

——《静思语》第三集

台中的碧祯和艳秋，是一对比邻而居的好厝边*，她们在生活相互照应，不仅一起上街买菜，一起卷起衣袖做环保，更一起分享泪水与欢笑。

四年前，碧祯的儿子发生意外，下半身至今仍瘫痪无力。从那时开始，陪儿子阿弘到中山医学大学附设医院复健，是碧祯每周一到周五的功课。由于血管异常，导致血块压迫到脊椎神经，二十八岁的阿弘除了在医院复健外，回到家后，也需仰赖母亲天天为他拉筋与按摩。即使复健时必须用尽全身的力量来支撑儿子，碧祯仍然面带微笑。

很难想象，她是泪流满面咬牙苦撑过来的；初逢打

---

* 厝边：即朋友。——编者注

击而茫然失措的她,说起阿弘的孝顺与乖巧,总是不免伤感流泪。为了和孩子一起面对这难以接受的事实,她放弃了原先美容师的工作,全心照顾儿子,只要有空就念佛号、听忏悔文,证严上人在大爱电视台讲述的"静思晨语",更成为她的心灵依托。

碧祯说,一路走来,幸好有大爱电视台的陪伴和好朋友艳秋的鼓励,让她能够走出低潮,重新投入慈济志业。她说,不要在乎脚下的路,前面的风光更迷人,因为现在自己不但在陪伴慈青的过程得到慰藉,也在活动的互动中,懂得勇敢面对事情,学会珍惜才能真正拥有。

低着头、弯着腰,碧祯和艳秋在社区的地下停车场里做回收,不用多说话,两人有默契地自然分工,一个从垃圾筒内挑出回收品;一个分类、整理,两人一起做得满心欢喜。

过去刚投入环保工作时,怕脏的艳秋曾经非常不适应,然而,经由碧祯的影响,现在艳秋除了自己身体力行,也带动学生们一起投入。这样的坚持,不但受到学校的肯定,也获得学生们的支持和响应,让对地球的大爱,源源不绝地扩散出去。

【用爱宽恕】

宽恕由爱而起,是人间最动人的篇章。

——《静思语》第三集

"当我到达医院时,先生往生已成为事实……我告诉孩子们,断了线的风筝,让它自由飞翔,要让爸爸安心,告诉爸爸,我们会好好相互照顾。我不是不悲伤,只是想到上人常说的无常:'原谅别人,就是善待自己。'"

张师姊穿着慈济教师联谊会的制服,对着数百位教联会老师,一字一句道出丈夫遇害后的心路历程。谈起加害人,她语气和缓地说:"没有人故意要做错事,他只是没有遇到一个很好的环境、没有得到很好的爱与温暖。如果有人尽早帮忙他,或许就能导回正途。"宽恕的告白令人动容。

事情发生时,张师姊正在花莲担任志工。早上十点多,正是大家最忙的时候,一通无预警的电话响起,传来的是先生命危的消息，身旁的志工们随即为她订机票，送她赶回台北。

那天上午，她的先生谢教授如常骑着脚踏车，从住处前往学校准备授课，途经河滨公园，无端遭到出狱才八天、疑似吸毒的杨姓嫌犯殴打成重伤。

奈何，张师姊赶到医院，先生已经往生。当她来到先生身旁，他的身体还是温热的，她不断在他耳边轻唤着："爸爸，我希望你能原谅对方，原谅才能放下，我们原谅对方吧……"在这最痛苦的时刻，她做了最艰难的决定。

此时，不同的情绪在现场蔓延开来，儿女的反应相当直接："妈，这种人不值得原谅！"与张师姊感情深厚的志工说，相对于张师姊的坚强，最需要支持与陪伴的，其实是她的三位子女。

当时在花莲慈济医院担任护理人员的大女儿，尽管万般不舍，仍把工作交接好才赶回台北。二女儿最早接获通知，赶往医院，亲眼看着父亲没了气息，让学法律的她义愤填膺。小儿子还在读高中，事发后每晚都会到父亲的床上睡觉，这是他表达思念的方法；尽管没有很激烈的反应，却沉默得令人忧心。

张师姊回想起警察审问的内容。"那个人不断地说他不知道、他不知道。这就是无知。"她告诉儿女："孩子,原谅他,他不知道自己在做什么。如果我们不原谅,就要承受很大的痛。"沉浸在悲痛中的孩子似懂非懂。

后来,她带着三名子女一起回到花莲静思精舍。"上人对我们说,一定要放下,不是嘴巴说说而已,而是从心里做到放下。舍去仇恨的心情,转而生出毅力与勇气,把生命用在更值得的事情上面。"

放下确实很难,但张师姊和孩子们尽力去做。在先生的同事、学生及慈济人的支持下,张师姊提醒自己赶快走出伤痛:"上人平常就教育我们,愈不舍,往生的亲人愈走不开。我要祝福先生,期待他换一个新的身躯,重新再活出生命的光彩。"

【用智慧超越烦恼】

舍一分烦恼,能得一分清净;舍一分财物,即得一分轻安。

——《静思语》第三集

"一念善心起,诸事皆吉祥",这句话让佩玲感受很深,她的家庭,就是因为这句话而有了很大的转变。

佩玲结婚后,发现家里有颗不定时炸弹,就是她的公公。他好赌且嗜酒如命,每回赌输了钱就会吵闹不休,有时还会打人、骂人,每逢年节更是变本加厉,一家人很少能好好吃一顿饭。

几年前,佩玲的先生加入慈诚队,听了证严上人开示,也了解"如是因、如是缘、如是果、如是报",亲人是无法选择的,谁会成为我们的父母,都是过去几世业力的牵引。从此先生和她的心情开始有了转变。而当佩玲受证为慈济委员后更加明白,只要将上人的开示好好落实在生活中,就是真正的妙法。

佩玲谨记上人说的,脸要笑,说话要轻声细语,态度要温柔、善顺。如果别人说话大声,我们就小声。只要公公又开始骂人,佩玲就轻声地告诉他:"爸,是我的错,我会改,您不要生气。"不知不觉间,公公愈来愈少骂她了。

不过,挨骂时还要带着微笑,实在不容易。每当公公大声责骂佩玲时,她就会想着上人的话:"假久也会成真。"起先,她勉强自己微笑,久而久之,脸上自然就带着笑容了。后来她开始请购上人的书,与家人分享,希望家中气氛能有所改善。

有一次,她的公公又赌输了,回家后大声开骂。这时婆婆必须乖乖坐着听他骂人,如果不小心打瞌睡,公公就用酒泼她,说她看不起他,才不听他说话。等到他肚子饿了,又要婆婆做菜给他吃,婆婆的动作若稍慢一点,他又会骂她心不甘、情不愿。佩玲趁婆婆炒菜时,进厨房安慰她:"妈,爸爸又在替你消业了。"婆婆也善解地说:"上人说要欢喜受,他大声骂,表示他身体好,丹田有力,没关系啦!"

后来,公公向赌场借钱,输了四十几万,回家后搋桌、摔椅又骂人。佩玲感觉很无奈,走到客厅,抬头看到上人的法像,说:"上人,您说过,业力要靠发大愿才抵得过,如果大舍真有功德,我希望把所有的功德回向给公公,希望他不要再赌博了。"于是她把娘家给她的金饰全卖了,把金块换成砖块,以公公之名,捐给大林慈济医院当建设基金。

之后,她的公公真的不再赌博了,连相貌都改变了,本来看起来像凶神恶煞的他,现在愈来愈慈祥了。佩玲实在不敢相信,愿力的力量这么大。对她来说,慈、悲、喜、舍这四个字的精髓就是"舍",舍去一分烦恼,得到一分智慧;舍去有形的金钱,得到自在及家庭的和乐。

【心灵环保】

做环保,除了净山、净海、净大地之外,也要净心田。

——《静思语》第三集

李刘钏师姊说:"我这条命是上人救的。"

李师姊八岁就学会喝酒,而且要整瓶灌饮才觉得过瘾。十八岁时,她又学会吃槟榔、抽烟、打麻将。多年下来,健康情况变得很糟,到了六十五岁,一喝酒、嚼槟榔就会流汗,风一吹就发冷,必须去吊点滴,最高纪录一个星期里吊了四天的点滴。当时她想,她的人生大概差不多要走完了。

幸好她很有福报,有缘结识了一些慈济的师兄、师姊,在他们邀请下加入了慈济。不过一开始她并不是很投入,直到第一次听证严上人开示,才完全改变了想法。那天上人正好谈到吃槟榔容易得口腔癌,抽烟容易得肺癌,喝酒容易得肝癌。她听了吓一大跳,觉得上人好像是在对她说话,当下决定戒掉这些恶习。回家后,她告诉儿子:"不要买槟榔回来,我从今天起要戒掉了。"

师姊的儿子半信半疑:"妈,不可能的,你吃槟榔这么久了,怎么戒得掉?"

"会,我说要戒就会戒掉。"她坚定地回答。

多年的习惯说戒就戒,谈何容易。李师姊回忆说:"当时我一想到酒和槟榔,手脚还会发抖,我就去买最酸、最咸的梅子含在口里。冰箱里冰一瓶冰茶,想喝酒时,就倒一杯喝下去。想打麻将时,我就拿起扫帚、畚箕,推了小车子去扫社区做环保。结果一个星期后,全部都戒掉了。"

现在,李师姊全心做环保,每个月的第二周,还负责邀请几位老菩萨到环保站里来,十几人一起做环保,其中年纪最大的已八十八岁,大家都做得很欢喜。以前她因为喝酒常要吊点滴,自从做环保后,至今已有六年没有再打过点滴,有时还做到肚子饿了,才想起来要吃饭。

"做环保很好,能救我们的地球,又能救我们的生命,实在真好。"看着李师姊灿烂的笑容,很难想象过去她烟酒、槟榔不离手的样子。而她因为做环保而重生的故事,更让人深受感动。

【看透生死】

生死大事，能看得开、想得通，就能安然自在。

——《静思语》第三集

曾师姊在病房服务时，看到一位患者躺在病床上，闭着眼睛不理人。第一天她以为他在休息，不敢打扰。第二天情况还是一样，曾师姊就和家属聊天，得知病人曾在台北治疗了一阵子，最近才转到慈济医院。病患的太太说："我先生从去年十一月生病到现在，完全不能接受事实，他觉得很不甘愿。"

原来病患有一次不小心咬破嘴唇，后来伤口一直溃烂，过了两星期，到医院检查，发现竟是口腔癌，让他非常难以接受。这位太太很担心先生看不开，曾师姊心想，上人曾说过要自我祝福，决定把自己罹患类风湿性关节炎的经验和他们分享，希望病患也能自我祝福，赶快好起来。

她问病患的太太："你看我是不是很健康？"那位太

太看了看师姊,病患也张开眼睛,偷偷看了她一眼。病患太太说:"是啊!你看起来很健康。"

"其实我才刚开完刀没多久。我也是个病人,也曾生了一场大病。"师姊想,用同理心的角度来关怀,对方可能比较容易接受,否则病人会说:"你们都是健康的人,叫我们要看开一点,哪有这么简单。"

师姊和这位太太谈话时,患者虽然闭着眼睛躺在床上,但她知道他也在听,便对他说:"你还能拖两星期才去检查,我当初在两分钟内,身体就垮了。我也曾经很失望,不肯吃饭,一天就瘦了一公斤,直到有个念头浮上来——我不能就这样被打倒。我赶快爬起来吃饭,虽然没胃口,饭菜吃起来也无滋无味,但我还是强迫自己吃下去,身体才慢慢恢复。现在我已经重新站起来了。"

其他人听了很惊讶,病患更是立刻坐起身来,师姊接着鼓励他:"你是警察,相信你比我更勇敢,我能够站起来,你也一定可以。现在唯一能帮助你的人,就是你自己。"

后来她请太太和孩子们唱歌给病患听,他们不会唱,曾师姊便和同去的师姊一起唱《普天三无》,同时一边打手语,透过歌声来告诉病患:"普天之下没有我不爱的人,没有我不信任的人,没有我不原谅的人,把心中烦恼、忧愁、埋怨全都放下吧!"歌声结束时,他们全家人泪流满面,尤其读初二的大女儿抱着曾师姊,哭得不能自已。师姊又告诉病患:"你要勇敢当个模范,让孩子安心。"

隔天下午,曾师姊再去探望他,太太说:"他都不吃饭,没有体力。"不过他一看到志工来了,立刻起床对太太说:"你拿牛奶给我喝,我肚子好饿。"太太悄悄告诉师姊:"我先生看到你们就很高兴,希望你们常常来开导他。"

在互动过程中,曾师姊以自身的经验来鼓励病人,让病人更有勇气面对疾病,让她很感欣慰,同时也为她带来了启发——人要怀抱希望,才能够活得更好。

【欢喜自在】

心欢喜,则乐观;心埋怨,则生憎恨。

——《静思语》第三集

秋燕师姊曾和某位阿嬷分享一帖"囝仔仙*的欢喜药方",阿嬷在陪伴住院的先生时,用心煎这帖以"欢喜、快乐、笑眯眯"三味入药的药方,让阿公的心情和病情都好转很多,不久后就出院了。

过了一阵子,阿嬷回来找秋燕师姊,她说:"这帖药真有效,介绍给左邻右舍,大家都很称赞。我自己每天早、中、晚,都很虔诚地煎药,你们看看我先生,他能走了,而且总是笑眯眯。"阿公特地走路给在场的志工看,他恢复的情况实在令人感到不可思议,大伙儿都认为,或许这就是心诚则灵最好的见证。

秋燕师姊问阿嬷,这帖药是怎么煎的,她说:"我把

---

* 囝仔仙:有医药等特殊才能的小孩。——编者注

一碗水放在桌上,合掌虔诚念着:'第一味欢喜,第二味快乐,第三味笑眯眯。佛菩萨,请保佑我先生喝了这碗水后,能够欢喜健康。'我每一帖都煎一个小时,真的太好用了。"

阿嬷又说:"我先生很听话,每天准时喝,有时也会帮忙煎,跟着我一起念。"师姊对阿嬷说:"其实这药方中包含的是您的爱心,是您帮助阿公放松心情的。"阿嬷用她那颗单纯的心认真煎药,让所有志工看了,都感动不已。

阿嬷的故事让师姊体会到,得一善法而拳拳服膺,心诚则灵,所产生的力量无远弗届。师姊同时也反观自己:"上人每天在开示中教导这么多法,我们有没有像阿嬷一样,这么用心去体会?"

在证严上人的善法中,只要从一句深入,相信"一理通"就能"万理彻",渐渐达到解脱觉悟的境界。

图书在版编目(CIP)数据

静思语的富足人生/徐荷,林慈盈辑录.—上海:复旦大学出版社.2011.1(2018.12 重印)
(人文相关著作·慈济宗门丛书)
ISBN 978-7-309-07365-2

Ⅰ.静… Ⅱ.①徐…②林… Ⅲ.佛教-人生哲学-通俗读物 Ⅳ.B948-49

中国版本图书馆 CIP 数据核字(2010)第 113412 号

原版权所有者:静思人文志业股份有限公司授权复旦大学出版社
出版发行简体字版

慈济全球信息网 http://www.tzuchi.org.tw/
静思书轩网址:http://www.jingsi.com.tw/
苏州静思书轩 http://www.jingsi.js.cn/

上海市版权局著作权合同登记号 图字:09-2010-381

静思语的富足人生
徐 荷 林慈盈 辑录
出版策划/林幸惠
责任编辑/邵 丹

复旦大学出版社有限公司出版发行
上海市国权路 579 号 邮编:200433
网址:fupnet@fudanpress.com http://www.fudanpress.com
门市零售:86-21-65642857 团体订购:86-21-65118853
外埠邮购:86-21-65109143 出版部电话:86-21-65642845
崇明裕安印刷厂

开本 890×1240 1/32 印张 5.375 字数 75 千
2018 年 12 月第 1 版第 7 次印刷
印数 20 601—23 700

ISBN 978-7-309-07365-2/B·354
定价:23.00 元

如有印装质量问题,请向复旦大学出版社有限公司出版部调换。
版权所有 侵权必究